Einkochen & Einmachen

Kerstin Neumann

Selbermachen macht Glücklich

Verlag

Druck: Amazon Deutschland oder Partner

Der Druck erfolgt in chlorfreier Tinte und das säurefreie Papier für den Innenteil des Buches wird von einem Anbieter mit Forest Stewardship Council-Zertifizierung bezogen. Alle Abfälle, die beim Drucken entstehen und sich im Büroalltag anfallen, werden ordentlich recycelt und verwertet. Zudem werden in der Zukunft weiterhin Prozesse stattfinden, um die Umweltfreundlichkeit zu versichern. Damit verpflichtet sich der Druckpartner Amazon und seine Partner dazu, seinen Teil zum Umweltschutz beizutragen.

Unser Verlag verzichtet zudem auf überflüssigen Schriftverkehr und wickelt alle Prozesse digital ab. Dies spart Ressourcen und schont die Umwelt!

ISBN: 978-3-9822785-0-6

Einkochen & Einmachen

Glück beginnt im Glas!
Das Kochbuch zum köstlichen & natürlichen Haltbarmachen:
Gelingsichere Techniken, Tricks & die 111 besten einfachen Rezepte für
Gemüse, Obst, Dips & Co.

Kerstin Neumann

*Das Kochen ist ein wenig wie Kino.
Was zählt, ist das Gefühl."*

~ Anne-Sophie Pic

Herzlich willkommen!

Schön, dass Du den Weg hierher gefunden hast: Herzlich willkommen!

Ich freue mich, dass Du mit mir den Weg zu Deinem Glück im Glas gehen möchtest. Mit den richtigen Tipps und Tricks lernst Du Omas Kunst des Einkochen in Windeseile und kannst schon ganz bald frisches saisonales Obst und Gemüse natürlich haltbar machen.

Vielleicht fragst Du Dich noch »Wie schaffe ich es, dass in den gefüllten Gläsern auch wirklich nichts verdirbt?« Oder »Welche Lebensmittel und Gerichte eignen sich besonders zum natürlichen Konservieren?«.

Mit diesem Ratgeber erlernst Du die wichtigsten Grundlagen und bewährte Methoden kennen, mit denen Deine Speisen vor dem Schimmel sicher sind. Damit Du auch gleich selber loslegen kannst, findest Du vielfältige Rezepte zur Auswahl, die eingemacht besonders lecker schmecken.

Ich persönlich bin leidenschaftliche Köchin, wie auch schon meine Mutter vor mir. Sie hat mir vieles beigebracht und über Generationen bewährte Hausfrauen-Tricks für die Küche an mich weitergegeben. Jetzt möchte ich Dir meine über die Jahre gesammelten Erfahrungen zugänglich machen.

Von meiner Mutter habe ich ein paar unsere alten Familienrezepturen übernommen, sie erweitert und angepasst. Neue Zutaten sind dazugekommen - schließlich haben wir heute deutlich mehr Möglichkeiten als meine Oma damals. Ich habe mit exotischen Zutaten experimentiert, ungewöhnliche Kombinationen getestet und mit jedem Anpassen wurden die Geschmacksnuancen köstlicher.

Für mich ist das Einkochen zur richtigen Entspannung und Abwechslung zum sonst schonmal sehr lauten und vollen Alltag geworden. Auch von meinen Freundinnen bekomme ich mit: neben dem Beruf und den Kindern hat man im Alltag oft nicht die Zeit frisch zu kochen. Das kenne ich selbst ebenfalls sehr gut. Und es erscheint manchmal einfacher, Dosenravioli aus dem Supermarkt zu kaufen. Aber auf die Dauer kann das wohl kaum eine Lösung sein.

Deshalb habe ich für mich eine wohltuende Routine etabliert:

An freien Sonntagen stelle ich mich mit meiner Kochschürze an den Herd, meal-preppe und freue mich daran, volle Gläser in meine Speisekammer stellen zu können. Dann ist meine Küche mein Wohlfühlort, hier komme ich zur Ruhe. Es gibt mir die innere Gewissheit, dass ich meiner Familie auch in stressigeren Phasen selbstgekochte Gerichte auftischen kann. Und natürlich erfüllt es mich jedes Mal mit Stolz, wenn meine Kinder sich über das Kartoffelpüree hermachen und sogar den Nachbarskindern erzählen: Nirgendwo ist es so lecker wie bei Mama.

Selbstverständlich sind die Geschmäcke verschieden, bitte behalte das als grundlegenden Verwendungshinweis beim Lesen im Hinterkopf. Unter jedem Rezept findest Du einen Zutatentipp mit Hinweisen darauf, wie du die Speisen an Deinen Geschmack anpassen kannst, zum Beispiel, wenn Du es gerne besonders süß hast. Ebenso ist wichtig zu bedenken, dass Einkoch-Zeiten und Temperaturen aufgrund unterschiedlicher Situationseigenschaften leicht abweichen können. Ich bin aber optimistisch, dass Du ein gutes Gespür dafür entwickeln wirst, wann ein Gericht bereit ist fürs Abfüllen, je mehr Du einkochst.

Und nun viel Freude beim Lesen und Selbermachen!

wünscht Deine Kristin Neumann!

PS: Wenn Dir diese Buch dazu verhilft, auch Deine Küche zu einem Wohlfühlort werden zu lassen, würde ich mich freuen, es zu erfahren. Auch falls Du Lob oder Kritik oder Anmerkungen zu den Rezepten hast, schreibe mir gerne eine E-Mail an kristin.neumann.buch@gmail.com

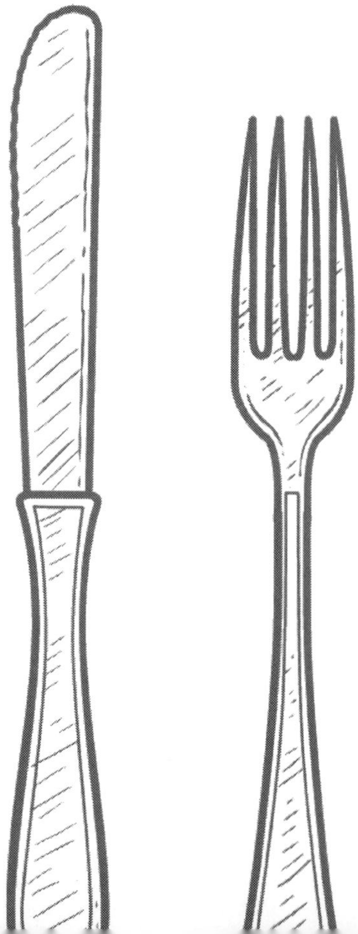

Inhalt

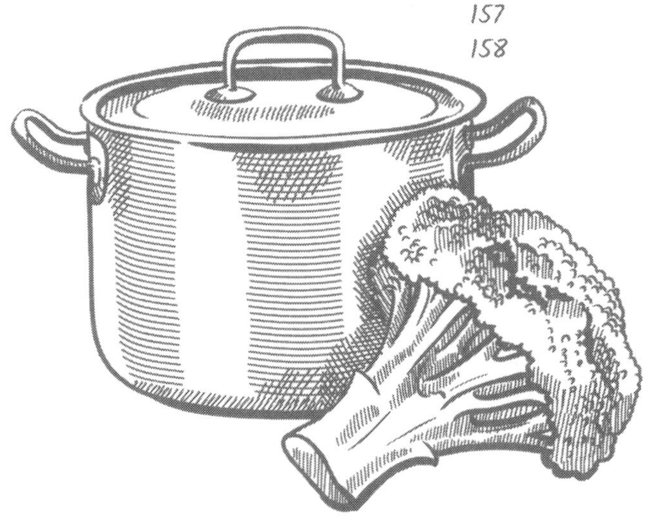

1.

Die Grundlagen des Einkochen

Lebensmittel zu konservieren, ist auf mehrere Arten möglich und nicht nur Selbstversorger schätzen das Haltbarmachen von Obst, Gemüse und anderen Speisen. Einkochen macht Spaß und ist gar nicht so schwer. Vor allem lassen sich mit den haltbar gemachten Lebensmitteln eine ganze Menge schmackhafter Gerichte zaubern. Saisonale Lebensmittel können mithilfe des Einkochens über einen langen Zeitraum, mitunter sogar über mehrere Jahre gelagert werden. So können wir auch im Winter leckere Pflaumen oder Erdbeeren zum Dessert oder als süße Beilage genießen. Besonders gut geeignet sind frisches Obst, Gemüse und Pilze. Aber auch Fleischgerichte und eiweißhaltige Lebensmittel können eingekocht werden, sie erfordern jedoch etwas mehr Equipment und Erfahrung. Mit Grundzutaten wie frischen Kräutern, Pilzen, Zwiebeln, Knoblauch lassen sich die Speisen verfeinern und erhalten ein schmackhaftes Aroma.

Wofür eignet sich das Einkochen von Lebensmitteln?

Für das Abfüllen der eingekochten Lebensmittel werden unter anderem spezielle Einweckgläser benötigt. Gut geeignet sind Gläser mit Glasdeckel und Bügel oder Klammern und Gummiring. Ein Wecktopf zum Einkochen wäre ideal. Seine Anschaffung ist zwar etwas preisintensiv, aber lohnend, denn der Topf und auch die Einweckgläser können immer wiederverwendet werden. Wer sich nicht gleich einen Wecktopf kaufen möchte, kann zunächst auch einen großen Kochtopf nutzen. Besonders wichtig ist, dass der Einkochtopf und die Gläser, in welche die Lebensmittel gefüllt werden, absolut sauber sind (mehr erfährst du in der Schritt für Schritt-Anleitung). Nur so können frische Lebensmittel langfristig haltbar gemacht werden. Zudem ist wichtig, dass beim Einfüllen keine Lufteinschlüsse innerhalb des Einkochguts entstehen. Bei sehr zähflüssigen Breien etc. kannst du das gefüllte Glas ein paar Mal sanft auf die Arbeitsfläche klopfen, damit eventuelle Blasen aufsteigen.

Einkochthermometer
Es ist wichtig, dass das Wasser im Einkochtopf die gleiche Temperatur wie das Einkochgut aufweist.
Die im Rezept angegebene Einkochzeit beginnt erst, wenn die richtige Temperatur erreicht ist.

Einkochtopf / Automat
Einkochtöpfe und -automaten eignen sich für das Einkochen großer Mengen. Für kleine Mengen ist ein normaler Kochtopf völlig ausreichend.

Einfülltrichter
Für ein sauberes Einfüllen der Lebensmittel in die Gläser ohne den Rand zu verunreinigen (Schimmelgefahr).

Gläser oder Flaschen zum Befüllen
Bei der Wahl der Gläser ist es wichtig, dass diese sich für die Heißabfüllung eignen und über einen vakuumfähigen Verschluss verfügen.

Gut geeignet sind zum Beispiel:

1. Rundrandgläser oder Bügelgläser mit Klammern
2. Mason-Jars-Gläser
3. Twist-off-Gläser mit Schraubdeckel

Handschuhe
Um die Gläser aus dem heißen Topf zu entnehmen, empfiehlt es sich, Silikonhandschuhe zu tragen. Alternativ kannst du einen Glasheber benutzen.

Pürierstab, Mixer
Für einige Rezepte ist ein Pürierstab, eine Küchenmaschine oder Mixer von Vorteil, um Obst und Gemüse zu zerkleinern. Für die Herstellung von Mus und Püree kann mitunter auch ein Stampfer genutzt werden.

Einkochgitter

Mithilfe eines Einkoch- oder Kuchengitters kannst du vermeiden, dass die Glasböden den Topfboden berühren, beim Kochen »hüpfen« (wie es Kocheier manchmal tun) und schlimmstenfalls zerspringen.

Sauberes Tuch

Falls beim Einfüllen der Rand der Gläser verschmutzt wird, sollte dieser mit einem hygienischen Tuch gereinigt werden.

Einkochen: Die einfache Schritt-für-Schritt-Anleitung

1. Vorbereitung – Einweckgläser abkochen:

Die Einweckgläser müssen in einem einwandfreien Zustand sein, sie dürfen weder Sprünge, noch Rost oder andere Beschädigungen aufweisen. Vor der Nutzung werden die Gläser und Deckel sterilisiert, damit eine lange Haltbarkeit der eingekochten Lebensmittel gewährleistet werden kann. Hierfür die Gläser mit warmem Wasser ausspülen und auf dem Kopf im Backofen bei 150 Grad Umluft etwa ¼ Stunde lang erhitzen. Anschließend mit Backofenhandschuhen entnehmen und auf einem sauberen Tuch trocknen lassen. Gummis und Deckel werden in kochendes Wasser mit etwas Essig gegeben und darin 3 Minuten lang gekocht. Bis zum Befüllen der Gläser können die Deckel und Gummis im heißen Wasser verbleiben.

2. Die Speisen nach Rezept zubereiten:

Um sichere und einwandfreie Lebensmittel herzustellen und zu konservieren, ist es wichtig, absolut hygienisch zu arbeiten. Das bedeutet, dass das Arbeitsumfeld und die genutzten Utensilien absolut sauber sein müssen. Zudem sollten ausschließlich frisches Obst und Gemüse und unbeschädigte Lebensmittel verarbeitet werden. Für ein bestmögliches Aroma solltest du zudem nur reifes Obst und Gemüse verwenden, um in den vollen Genuss deines Vorrats zu kommen.

3. Die Gläser befüllen:

Fülle die Masse am besten zunächst in einen Krug und befülle die Gläser mithilfe eines Einfülltrichters. So kannst du verhindern, dass die Masse über den Rand der Gläser läuft. Alternativ eignet sich eine Suppenkelle. Weckgläser mit Rundrand können voll befüllt werden. Bei Twist-off-Gläsern sollten mindestens 2 cm Platz zur Glasöffnung bleiben. Nach dem Verschließen solltest du die Glasränder mit einem sauberen Tuch reinigen. Vorsicht bei dünnwandigen Gläsern: Bevor du die Masse in Gläser füllst, solltest du diese noch einmal heiß ausspülen, denn kalte Gläser können zerspringen.

4. Das Einkochgut einkochen:

Nun die Gläser in einen mit Wasser gefüllten Kochtopf stellen. Es ist hierbei sinnvoll, die Gläser beim Einkochen im Kochtopf auf ein spezielles Einkochgitter oder alternativ Kuchengitter zu stellen, um ein Platzen der Gläser zu vermeiden. Die Temperatur und Einkochdauer variieren je nach verwendeten Lebensmitteln und dem Rezept. Die Gläser können im Topf übereinandergestapelt werden, sie müssen jedoch komplett mit Wasser bedeckt sein. Während des Einkochens solltest du die Gläser immer gut im Blick behalten.

5. Die Gläser abkühlen lassen, beschriften und ordnungsgemäß lagern:

Nach dem Einkochen die Gläser aus Topf nehmen und abkühlen lassen. Bleiben die Gläser länger im Topf, dann verlängert sich die Garzeit automatisch und die Lebensmittel würden zerkochen. Die Klammern von den Gläsern erst nach der vollständigen Auskühlung auf Zimmertemperatur lösen.

Das Einkochgut kühl (ideal im Keller bei 10-18°C), trocken und dunkel lagern.

Heißeinfüllen

Schnell und einfach fruchtige Marmeladen, Sirup, Chutneys und Kompott konservieren.

Da das Einkochen oft etwas zeitaufwendig ist und nicht jedem genügend Zeit zur Verfügung steht, gibt es eine schnelle Alternative: Das heiße Einfüllen in sterilisierte Gläser. Marmeladen, Konfitüren und Gelees lassen sich mit dieser Konservierungsmethode besonders schnell zubereiten. Trotz einer kurzen Kochzeit bleiben die Nährstoffe und Aromen dennoch fast vollständig erhalten. Beim Heißeinfüllen wird neben den Früchten, Fruchtsaft oder Wasser auch die passende Menge an Zucker bzw. Gelierzucker benötigt. Auf Gelierzuckerverpackungen und in Rezepten mit Gelierzucker findest du mitunter die Angaben 1:1, 2:1 oder 3:1. Diese beziehen sich auf die Anteile von Früchten im Verhältnis zum Zucker. Bei 1:1 verwendest du einen Teil Früchte und einen Teil Zucker, in Mengenangaben bedeutet dies:

- 3:1 bedeutet 1500 g Früchte und 500 g Zucker.
- 2:1 bedeutet 1000 g Früchte und 500 g Zucker.
- 1:1 bedeutet 1000 g Früchte und 1000 g Zucker.

Je weniger Zucker im Verhältnis du verwendest, desto weniger süß wird die Marmelade, stattdessen soll sie aber fruchtiger und aromatischer sein.

Heiß einfüllen – so geht's:

Beim Heißeinfüllen werden wie auch beim Einkochen zunächst die Gläser und Deckel vorbereitet, sie werden auf Beschädigungen überprüft und steril abgekocht. Anschließend werden das Obst und das Gemüse vorbereitet, gewaschen, ggf. entkernt und entsteint und in Stücke geschnitten oder als ganze Frucht verarbeitet. Die Früchte werden laut Rezept mit dem Gelierzucker und etwas Zitronensaft sowie je nach gewünschter Konsistenz in einen Kochtopf gegeben und 5-15 Minuten weich gekocht. Optional kann nun püriert werden. Danach wird die heiße Masse sofort in die Gläser gefüllt und fest verschlossen. Bezüglich des weiteren Vorgehens gibt es zwei Fraktionen:
Die einen stellen die Gläser für einige Minuten auf den Kopf. Dadurch soll die Luft aus dem Deckelbereich verdrängt werden und dortige Keime abgetötet werden. Anschließend werden die Gläser wieder umgedreht.

Die andere Fraktion dreht die Gläser nicht um mit der Begründung, dass die Keime durch die Hitze auch ohne Umdrehen abgetötet werden, durch das Umdrehen aber heißes Einkochgut an den Gummi kommt (eventuelle Schafstofflösung) und sich dort Schimmel bilden kann.

Ich habe beide Versionen mehrmals in der Praxis getestet und es funktioniert beides. Natürlich ist die zweite Version »fachlich korrekter«. Aber auch mit der ersten Version habe ich mehrmals Apfelmus oder Kirschen (ohne Zucker!) eingekocht, bei denen selbst nach zwei Jahren alle Gläser in Ordnung waren.

Egel, für welche Methode du dich entschieden hast, die Gläser werden nun mit einem Tuch bedeckt. Die Gläser kühlen nun langsam ab und währenddessen entsteht ein Vakuum. Hierbei wölbt sich der Deckel leicht nach innen, beim Öffnen eines Glases ertönt dann das bekannte Knacken. Es ist ein Zeichen dafür, dass das Vakuum noch vorhanden ist und die heißeingefüllten Lebensmittel, sofern sich kein Schimmel gebildet hat, noch genießbar sind.

Eingekochtes und heißeingefülltes Gemüse und Obst richtig lagern

Heißeingefülltes und eingekochtes Obst und Gemüse muss trocken, kühl und dunkel gelagert werden. Die eingekochten Früchte müssen nicht im Kühlschrank aufbewahrt werden, aber die Gläser sollten keiner direkten Sonneneinstrahlung ausgesetzt sein. Der Keller oder eine Vorratskammer mit gleichbleibender Temper ist ein perfekt geeigneter Lagerort. Überprüfe das Einkochgut regelmäßig, ob die Gläser noch richtig verschlossen sind, denn mit der Zeit können sich die Deckel lösen. Sollte sich der Deckel der Gläser nach außen wölben oder gelockert haben, ist dies ein Zeichen dafür, dass sich Gase im Glas gebildet haben. Leider kannst du das entsprechende Glas dann nicht mehr verzehren.

Temperaturen und Einkochdauer

Die meisten Lebensmittel können sowohl roh als auch gar eingekocht werden, bei rohen und ganzen Stücken dauert die Einkochzeit natürlich etwas länger. Bei vorgegartem Gemüse können bereits 10 bis 20 Minuten ausreichend sein. Die Einkochdauer und die jeweilige Temperatur richten sich unter anderem auch nach den verwendeten Lebensmitteln. Die meisten Lebensmittel kannst du sowohl in den Gläsern im Wasserbad in einem Kochtopf einkochen als auch im Backofen bei Umluft. Mit der folgenden Tabelle erhältst du eine grobe Orientierung:

Lebensmittel	Einkochdauer	Temperatur
Püree aus Gemüse	20 – 50 Minuten (je nach Rezept)	90 - 100° C
Kompott	30 - 40 Minuten	75 - 90° C
Marmelade	10 Minuten	80 ° C
Eingelegtes Gemüse	25 Minuten	75 - 100° C
Soße und Dip	30 – 60 Minuten (je nach Rezept)	90° C

Bei Verwendung von Essig können Dauer oder Temperatur leicht gesenkt werden.

Beim Einkochen ist neben hygienisch-sauberen Arbeiten auch unbedingt darauf zu achten, dass die Gläser ebenso wie die Deckel in einem einwandfreien Zustand und nicht verschlissen sind. Eine häufige Ursache dafür, dass Lebensmittel in den Gläsern verderben, sind nämlich defekte Gläser oder Deckel (bzw. Gummis). Auch eine zu niedrige Abfülltemperatur kann ein Grund dafür sein, dass die eingekochten Lebensmittel verderben. Keime haben dann leichtes Spiel, sie gelangen beim Abfüllen ins Glas, vermehren sich trotz des Vakuums und die Lebensmittel verderben.

Deutliche Anzeichen dafür, dass die eingekochten Lebensmittel verdorben sind:

- Schimmel
- Unangenehmer Geruch
- Verfärbungen
- Bitterer Geschmack
- Lose oder aufgeblähte Glas-Deckel

Bei Gemüse gilt, dass dieses grundsätzlich schnell verderblich ist, durch Einkochen aber lange haltbar gemacht werden kann. Allerdings gilt hierbei zu beachten, dass sich durch die Verarbeitung von Mehl, Speisestärke, Milch und Knoblauch die Haltbarkeit verkürzt. Je nach Verarbeitung und Lagerung kann die Haltbarkeitslänge der Lebensmittel variieren. Werden die eingekochten und eingelegten Lebensmittel richtig verarbeitet und gelagert, kannst du dich an folgenden Zeiten orientieren:

Lebensmittel	Haltbarkeit
Ketchup, Chutney, Fruchtaufstriche, Kompott	mindestens ein Jahr
Gemüse und Pesto, eingekocht	mindestens ein Jahr
Gemüse, fermentiert	6 – 12 Monate
Pesto, frisch	1 Woche, im Kühlschrank
Liköre, Spirituosen	mehrere Jahre
Marmeladen	mehrere Jahre

Da Einkochen wirklich kein Hexenwerk ist und bereits mit den einfachsten Mitteln und Methoden gelingt, kennst du nun schon alle wichtigen Grundlagen und es kann losgehen!

Gemüsebrühe

Wer einmal in den Genuss selbstgemachter Gemüsebrühe kam, der wird sie in Zukunft vermutlich nicht mehr missen wollen. Gemüsebrühe lässt sich schnell zubereiten und die Zutaten hierfür sind günstig. Bei selbstgemachter Brühe weißt man zudem genau, welche Zutaten enthalten sind. Gemüsebrühe bietet eine hervorragende Basis für eine Vielzahl an Gerichten und ist für eine gute Küche praktisch unverzichtbar.

Benötigte Zutaten

1 Lauchstange
4 Karotten
2 Zwiebeln, gelb
600 g Knollensellerie
2 Petersilienwurzeln
½ Fenchelknolle
½ Bund Petersilie
3 Lorbeerblätter
Pfefferkörner, schwarz
3 TL Meersalz, grob
2-3 Pimentkörner
4 Liter Wasser

Benötigtes Material

Siebkelle
4 Flaschen
mit je 1 Liter Fassungsvermögen
ggf. Mulltuch

Aufwand

1. Als erstes das Gemüse waschen, alles bis auf die Zwiebeln putzen oder ggf. schälen und in Scheiben schneiden. Die Zwiebeln in ihrer Schale lassen und halbieren, mit der offenen Seite nach unten in der Pfanne dunkel anrösten. Fenchel und Lauch grob schneiden.

2. Karotten, Sellerie, Lauch und Fenchel in einem großen Kochtopf andünsten, jedoch nicht anbraten!

3. Die Petersilie waschen und mit den angerösteten Zwiebeln zum restlichen Gemüse geben, 2 Liter Wasser dazugeben, das Gemüse aufkochen und anschließend bei geringer Hitze für mindestens eine Stunde leicht köcheln lassen.

4. Mit einer Siebkelle das Gemüse aus dem Topf nehmen. Gemüsebrühe durch ein Sieb geben und anschließend noch heiß in die Flaschen füllen. Alternativ die Brühe durch ein Mulltuch geben. Bei 100 °C im Backofen eine Stunde lang oder im Einkochautomaten einkochen lassen.

Zutatentipp

Je mehr Karotten du zugibst, desto süßer wird deine Gemüsebrühe.

Fenchel ist Geschmackssache: Wer die Knolle nicht mag, kann die Gemüsebrühe auch ohne Fenchel zubereiten. Stattdessen kannst du Tomaten, Pastinaken oder Pilze hinzugeben.

2.

Püree und Mus

Püree, je nach Region kennen wir es auch als Mus oder Brei. Dabei handelt es sich um eine dickflüssige Masse aus zerkleinertem Obst, Gemüse, Kartoffeln oder Hülsenfrüchten. Püree kann sowohl mit rohen Lebensmitteln hergestellt und serviert werden als auch mit gekochtem Obst und Gemüse. In der Regel wird die Masse mit einem Pürierstab oder Stampfer hergestellt, sodass sich keine Klümpchen bilden und die Masse homogen wird.

Die Lebensmittel lassen sich über Jahre hinweg haltbar machen und bleiben bei fachgemäßer Zubereitung zugleich aromatisch. Pürees werden besonders gern als Beilage zu Fleisch- und Fischgerichten verspeist, sie sind aber auch beliebt als Desserts, zum Beispiel als Fruchtpüree zu Panna cotta, Mousse oder Joghurtcreme. Ebenso nutzen viele Familien selbstgemachtes Frucht- oder Gemüsepüree als feine Babynahrung. Ob ein klassisches Apfelpüree, verfeinert mit Gewürzen, ein exotisches Mango-Pfirsich-Püree oder ein fruchtiges Karotten-Rote-Beete-Püree...bei der Herstellung sind der Kreativität kaum Grenzen gesetzt.

Bei der Herstellung unterscheidet man Püree übrigens etwas von Mus, auch wenn Püree umgangssprachlich synonym mit Mus genannt wird. Mus wird ebenso aus gekochten Früchten und Gemüse hergestellt, in Österreich und Deutschland gilt Mus jedoch von der Konsistenz her noch als etwas feiner als Püree.

Für die Herstellung eines Pürees bedarf es lediglich der Obst- oder Gemüsesorten, gegebenenfalls Brühe, etwas Öl und Gewürzen. Püree Sahne, Butter oder andere Milchprodukte zuzusetzen, ist zwar möglich, allerdings verringert sich dann die Haltbarkeit und die Pürees müssen ständig gekühlt werden. Sinnvoller ist es daher, erst kurz vor dem Servieren dem Püree etwas Sahne, Crème fraiche oder Mehl hinzuzugeben. Generell empfiehlt es sich außerdem, bei der Zugabe von Flüssigkeit vor oder während des Kochens sparsam zu sein und lieber bei Bedarf noch etwas hinzuzugeben. Ansonsten kann die Konsistenz des Pürees oder Mus zu flüssig werden.

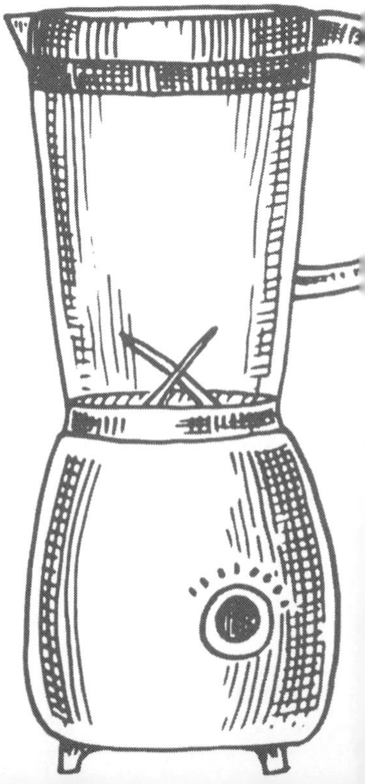

Fruchtig-scharfes Tomaten-Püree mit Chili

Tomatenpüree gilt als perfekte Grundlage für die Zubereitung von Speisen wie Lasagne, Suppen oder Bolognese. Das Püree einzukochen ist nicht aufwendig und es entsteht nur ein geringer Verlust am Gemüse. Für ein einfaches Grundrezept benötigst du lediglich Tomaten, Basilikum, etwas Zucker und etwas Salz. Das folgende Rezept ist eine fruchtig-scharfe Variante. Das leckere Püree schmeckt besonders gut zu Gerichten mit Käse, aber auch zu kurzgebratenem Fleisch.

Benötigte Zutaten

- 3 Kilogramm Tomaten
- 6 Zehen Knoblauch
- 5-6 Chilischoten, grün oder rot
- 200 ml Olivenöl
- 2 EL Salz
- 2 EL Pfeffer
- ggf. Zitronensaft

Benötigtes Material

- Großer Kochtopf
- Mixer oder Pürierstab
- Einfülltrichter
- 7 Einweckgläser
  mit je 200 ml Fassungsvermögen

Aufwand

1. Die Tomaten waschen und von den Stielen befreien, anschließend in grobe Stücke schneiden. Die Chilischoten ebenfalls waschen, die Stiele entfernen und ggf. auch die Samenscheidewände der Schoten. Den Knoblauch schälen und in grobe Stücke schneiden.
2. Die Chili-Schoten fein schneiden und zusammen mit den Tomatenstücken und dem Knoblauch in den Mixer geben. Alternativ mit dem Pürierstab fein pürieren.
3. Nun das Tomatenpüree in einen großen Kochtopf geben und bei starker Hitze zum Kochen bringen, dabei ständig umrühren. Das Püree mit etwas Salz, Pfeffer und Zitronensaft abschmecken. Wenn die Masse zu sprudeln beginnt, noch 5 Minuten unter ständigem Rühren köcheln lassen.
4. Das Tomatenpüree nun abkühlen lassen und die erkaltete Masse in die Gläser füllen. Die Gläser verschließen und bei 90 Grad für 20 Minuten in den Backofen stellen. Das abgekühlte Püree kühl und lichtgeschützt lagern.

Zutatentipp

Verfeinere dein Tomaten-Püree ganz nach Belieben mit Kräutern und Gewürzen… je nachdem, wofür du es verwenden möchtest. Bedenke, dass sich die Haltbarkeit bei der Verarbeitung von Knoblauch verkürzt. Anstelle von Knoblauch kannst du auch Zwiebeln verwenden.

Exotisches Mango-Pfirsich-Püree

Mango-Pfirsich-Püree eignet sich nicht nur als Babynahrung, sondern lässt sich auch hervorragend zu cremigen Desserts weiterverarbeiten und passt hervorragend zu Mousse und Joghurtspeisen. Das folgende Rezept eignet sich für erwachsene Genießer, für Babynahrung werden lediglich die Früchte und etwas Wasser benötigst.

Benötigte Zutaten

3 Mangos
2 Pfirsiche
90 ml Weißwein
1 Ingwerknolle
220 g Zucker, braun
1 TL Salz
1- 2 TL Zimt

Benötigtes Material

Mixer oder Pürierstab
Reibe
Kochtopf
Einfülltrichter
3 Einweckgläser
mit je 500 ml Fassungsvermögen
oder mehrere kleine Gläser

Aufwand

1. Die Mangos und die Pfirsiche schälen und in Würfel schneiden. Den Ingwer schälen und fein reiben. Das Obst und den Ingwer-Abrieb mit dem Mixer oder Pürierstab fein pürieren.
2. Die Masse nun in einen Kochtopf geben. Den Zucker und den Weißwein dazu geben und unter ständigem Rühren bei 90 Grad aufkochen lassen. Mit Salz und Zimt abschmecken und die Mischung dann unter Rühren einköcheln lassen.
3. Das noch heiße Püree in die Gläser füllen und sofort verschließen. Vorsicht bei dünnwandigen Gläsern: Bevor du die Masse in Gläser füllst, solltest du diese noch einmal heiß ausspülen, denn kalte Gläser können zerspringen. Das Obstpüree sollte sich mehrere Monate lang halten.

Zutatentipp

Wenn du es scharf magst, gib dem Püree noch ein paar Chiliflocken hinzu.
Für eine besonders aromatisch-süße Note, gib etwas Vanillemark hinzu.
Alternativ zu Mango kannst du auch Bananen verwenden.

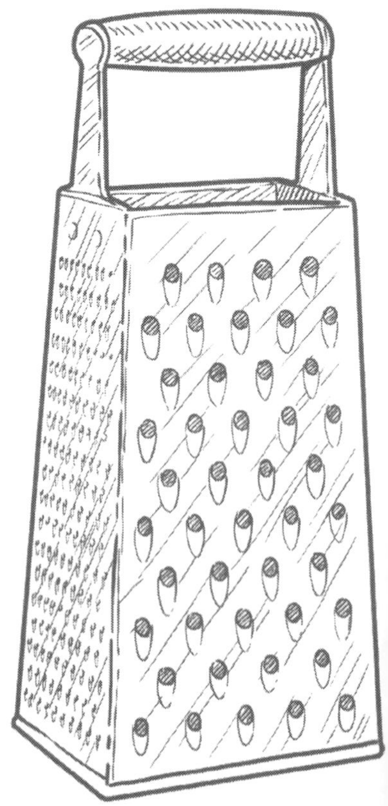

Süßlich-scharfes Ingwer-Karotten-Püree

Es muss nicht immer Kartoffelpüree sein, denn dieses feine Püree aus Karotten mit Ingwer schmeckt besonders als Beilage gut zu Fleisch- und Fischgerichten und ist optisch ein absoluter Hingucker. Mit nur wenigen Zutaten lässt sich dieses aromatische Püree zubereiten.

Benötigte Zutaten

2 kg Karotten
1 Ingwerknolle
Honig
Meersalz, grob
Pfeffer, grob
Cayennepfeffer
Chiliflocken

Benötigtes Material

Mixer oder Pürierstab
Reibe
Schüssel
Kochtopf
Einfülltrichter
3 Einweckgläser
mit je 500 ml Fassungsvermögen
oder mehrere kleine Gläser

Aufwand

1. Die Karotten schälen und in grobe Stücke schneiden. Die Ingwerknolle schälen und fein reiben.
2. Die Karotten in einen großen Kochtopf mit kochendem Wasser geben und für 20 bis 30 Minuten weichkochen lassen.
3. Das Wasser abgießen, die Möhren zu der geriebenen Ingwerknolle geben und pürieren, mit Salz, Pfeffer und Honig abschmecken. Nach Belieben Chiliflocken und Cayennepfeffer dazugeben.
4. Die noch heiße Mischung in die vorbereiteten Gläser geben und im Kochtopf oder Backofen einkochen lassen. Das abgekühlte Püree kühl und lichtgeschützt lagern.

Zutatentipp

Um dem Püree noch etwas mehr Farbe und Aroma zu verleihen, verfeinere es mit Orangensaft und Orangenschalenabrieb.

Cremiges Püree vom Butternut-Kürbis

Gerade in der Herbstzeit dient Kürbispüree als Grundlage vieler Rezepte, wie zum Beispiel Pasta, herbstlichen Kürbissuppen, Brot, Salaten und Waffeln. Beliebte Speisekürbisse sind der Muskat-, Hokkaido- und Butternutkürbis. Die Kerne des Kürbisses solltest du übrigens nicht wegwerfen, dünste sie stattdessen der Pfanne ohne Fett an und verziere mit den gerösteten Kernen dein Püree oder Salate oder Suppen. Durch das Rösten werden die Kerne besonders aromatisch.

Benötigte Zutaten

2 Butternut-Kürbisse
1,5 Liter Gemüsebrühe
4 Knoblauchzehen
3 Zwiebeln
5 EL Olivenöl
Pfeffer
Salz

Benötigtes Material

Stampfer
Großer Kochtopf
Gemüseschäler
Einfülltrichter
3 Einweckgläser
mit je 500 ml Fassungsvermögen
oder mehrere kleine Gläser

Aufwand

1. Die Kürbisse schälen, halbieren und das Kerngehäuse entfernen. Den Kürbis in Würfel schneiden. Die Knoblauchzehen und Zwiebeln schälen und ebenso in Würfel schneiden.
2. Den gewürfelten Kürbis in einen großen Kochtopf geben und die Brühe hinzufügen. Die Brühe zum Kochen bringen und die Kürbiswürfel bei mittler Hitze etwa 30 Minuten köcheln lassen.
3. Nun den Knoblauch und die Zwiebeln in einer Pfanne kurz andünsten. Die Gemüsebrühe abgießen und Zwiebeln und Knoblauch zu den Kürbiswürfeln geben. Mit Salz und Pfeffer abschmecken und mit einem Stampfer das Ganze zu Püree verarbeiten.
4. Das Püree in die vorbereiteten Gläser füllen und abkühlen lassen. In die Fettpfanne des Backofens etwa 2 cm hoch Wasser einfüllen und die Gläser hineinstellen. Dabei darauf achten, dass diese sich gegenseitig nicht berühren. Das Kürbispüree nun bei 90 Grad etwa eine halbe Stunde lang einkochen lassen. Das abgekühlte Püree kühl und lichtgeschützt lagern.

Zutatentipp

Füge etwas Muskat und Basilikum hinzu und du erhältst eine perfekte Beilage zu Fleischgerichten. Doch das Kürbispüree lässt sich auch weiterverarbeiten zu Muffins, Keksen und eignet sich auch für eine leckere Risotto.

Feines Karotten-Püree

aus violettfarbenen Karotten und roter Bete

Violettfarbene Möhren sind die Urform der Karotte, sie sind nicht genetisch beeinflusst und stecken voller wertvoller Nährstoffe. Aufgrund der Farbe werten die Karotten rohe Speisen optisch auf, sie schmecken etwas süßer und pikanter als orangefarbene Karotten. Vielen Gerichten verleihen sie einen interessanten Geschmack. Gib zu den Karotten rote Bete, Gemüsebrühe und einige feine Gewürze, um ein schmackhaftes Püree zuzubereiten.

Benötigte Zutaten

1 kg Karotten, lila
250 g rote Bete
1 Liter Gemüsebrühe
70 ml Öl
Pfeffer
Salz
Muskatnuss

Benötigtes Material

Stampfer
Kochtopf
Schüssel
Gemüseschäler
Einfülltrichter
3 Einweckgläser
mit je 500 ml Fassungsvermögen
oder mehrere kleine Gläser

Aufwand

1. Die Karotten und die rote Bete schälen und beides in Scheibchen schneiden. Die Gemüsebrühe in einem Kochtopf aufkochen, das Gemüse hineingeben und weich köcheln lassen. Gegebenenfalls etwas Wasser nachfüllen.

2. Das Gemüse in eine Schüssel geben, das Öl hinzufügen und mit Salz, Pfeffer und Muskatnuss abschmecken. Nun das Gemüse fein pürieren, noch heiß in die vorbereiteten Gläser füllen und diese verschließen. Die Gläser mit dem Püree dann abkühlen lassen.

3. In die Fettpfanne des Backofens etwa 2 cm hoch Wasser einfüllen und die Gläser hineinstellen. Dabei darauf achten, dass diese sich gegenseitig nicht berühren. Das Karottenpüree nun bei 90 Grad für 20 Minuten lang einkochen lassen. Das abgekühlte Püree kühl und lichtgeschützt lagern.

Zutatentipp

Beim Kochen verlieren die violettfarbenen Karotten an Farbe, dies schadet der Qualität jedoch nicht. Bei der Verarbeitung von Roter Bete empfiehlt es sich zudem, eine Schürze zu tragen, denn das Gemüse kann unschöne Flecken hinterlassen.

Erfrischendes Gurken-Kartoffel-Püree mit Dill & Minze

Das Gurkenpüree schmeckt besonders gut zu Fischgerichten wie Zander und Lachs, aber auch zu Fleischgerichten wie Rindersteak. Gib ein paar gebratene Champignons, Zwiebeln und geröstete Pinienkerne dazu und du erhältst ein farbenfrohes und schmackhaftes Sonntagsgericht.

Benötigte Zutaten

5 Salatgurken
1 Kilogramm Kartoffeln, mehligkochend
2 Dolden Dill, frisch
10 Minzblätter
Salz
Koriander
Muskatnuss
Pfeffer, bunt, grob

Benötigtes Material

Mixer
Ggf. Stampfer
Entkerner
Kochtopf
Schüssel
Einfülltrichter
Gemüseschäler
6 Einweckgläser mit je 200 ml Fassungsvermögen

Aufwand

1. Die Gurken schälen, halbieren, entkernen und in Würfel schneiden. Die Kartoffeln schälen und ebenfalls würfeln. Die Kartoffelwürfel in einen Topf geben, mit Wasser bedecken und 15 bis 20 Minuten köcheln lassen.
2. Wenn die Kartoffeln etwas gar sind, die Gurken-Würfel hinzugeben und weitere 2 Minuten bei kleiner Hitze köcheln lassen.
3. Nun das Gemüse abgießen und das gekochte Wasser auffangen. Das Gemüse mit Pfeffer, Koriander, Muskatnuss und Salz abschmecken. Den Dill und die Minzblätter waschen und trocknen und mit dem Gemüse in den Mixer geben. Die Zutaten fein pürieren und je nach gewünschter Konsistenz Kochwasser hinzugeben. Das fertige Püree in die vorbereiteten Gläser füllen.
4. In die Fettpfanne des Backofens etwa 2 cm hoch Wasser einfüllen und die Gläser hineinstellen. Dabei darauf achten, dass diese sich gegenseitig nicht berühren. Das Gurkenpüree nun bei 90 Grad für etwa 20 Minuten lang einkochen lassen. Das abgekühlte Püree an einem kühlen und lichtgeschützten Ort lagern.

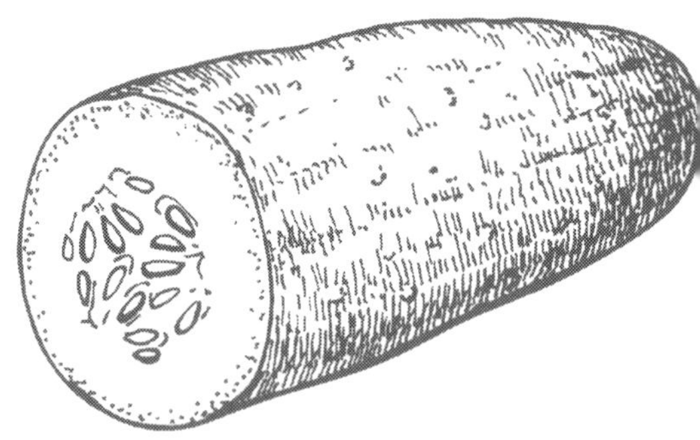

Zutatentipp

Steht kein Entkerner zur Verfügung, dann kann Gemüse wie die Salatgurke gut mit einem Teelöffel entkernt werden. Halbiere die Gurke und mit ziehe mit dem Teelöffel entlang der Kernreihe. Füge kurz vor dem Servieren etwas Sahne hinzu und das Püree wird besonders cremig.

Würziges Zucchini-Püree mit Basilikum

Dieses leckere Zucchini-Püree mit ist ein schmackhafter Brotaufstrich und passt ebenso sehr gut als Beilage zu Grillgut. Gib vor dem Servieren einen Spritzer Zitrone, etwas Cremè fraiche und frische Petersilie hinzu und dein Püree wird herzhaft-cremig.

Benötigte Zutaten

8 Zucchinis
5 Frühlingszwiebeln
3 Knoblauchzehen
5 – 6 Stängel Basilikum, frisch
3 EL Zitronensaft
4 EL Leinsamenöl
1 EL Gemüsebrühepulver
Salz
Pfeffer
Petersilie

Benötigtes Material

Pürierstab
Kochtopf
Schüssel
Gemüseschäler
3 Einweckgläser
mit je 500 ml Fassungsvermögen
oder mehrere kleine Gläser

Aufwand

1. Die Zucchinis waschen, die Enden entfernen und in Scheiben schneiden. Den Knoblauch schälen und grob hacken. Die Frühlingszwiebeln waschen, die trockenen Blätter und Wurzelansätze entfernen und die Zwiebeln in Ringe schneiden. Basilikum waschen, trocknen und fein hacken.

2. Das Öl in den Kochtopf geben und die Zucchinischoten, Zwiebeln und den Knoblauch kurz anbraten. Etwas Wasser dazugeben und das Gemüse bei geringer Hitze garen lassen, sodass kaum noch Flüssigkeit bleibt.

3. Die Gemüsebrühe dazugeben und die Zutaten mit dem Pürierstab fein pürieren, das Püree mit Salz und Pfeffer abschmecken und das Basilikum dazugeben. Das fertige Püree nun in die Gläser füllen.

4. Die Fettpfanne des Backofens etwa 2 cm hoch Wasser einfüllen und die Gläser hineinstellen. Dabei darauf achten, dass diese sich gegenseitig nicht berühren. Zucchinipüree nun bei 90 Grad für etwa 20 Minuten lang einkochen lassen. Das abgekühlte Püree an einem kühlen und lichtgeschützten Ort lagern.

Zutatentipp

Zusammen mit Spiegeleiern, etwas Speck und nach Belieben ein wenig Petersilie schmeckt das feine Püree besonders gut auf Broten, zum Beispiel als herzhaftes Frühstück. Das Püree ist außerdem eine hervorragende Beilage zu Fleisch- und Fischgerichten, zum Beispiel zu Lachsfilet.

Cremiges Sellerie-Püree mit Reismilch

Selleriepüree ist nicht nur eine gute Alternative zu Kartoffelpüree, es schmeckt besonders cremig, lässt sich leicht herstellen und passt besonders gut zu Braten-Gerichten. Mit Gemüsebrühe, etwas Crème fraiche und Petersilie kannst du aus dem Püree sogar eine schmackhafte Suppe zubereiten.

Benötigte Zutaten

1 Große Sellerieknolle
3 Knoblauchzehen
1 Zwiebel
1 EL Olivenöl
125 ml Reismilch
Bunter Pfeffer, grob
Salz
Muskatnuss

Benötigtes Material

Kochtopf
Schüssel
4 Einweckgläser
mit je 200 ml Liter Fassungsvermögen

Aufwand

1. Die Sellerieknollen schälen und in Würfel schneiden. Die Zwiebeln und den Knoblauch ebenso schälen, fein schneiden und kurz in einem Topf andünsten. Die Selleriestücke dazugeben und auch andünsten.
2. Das Gemüse mit der Reismilch ablöschen und weichköcheln lassen und mit Salz, Pfeffer und Muskatnuss abschmecken. Das fertige Püree in die vorbereiten Gläser füllen, im Kühlschrank aufbewahren und innerhalb einer Woche verbrauchen.

Zutatentipp

Da dieses Rezept Reismilch enthält, muss das Püree kühl aufbewahrt werden und innerhalb weniger Tage verbraucht werden. Das Gleiche gilt für Rezepte mit Milch oder Sahne. Wer das Püree länger haltbar machen möchte, kann statt der Reismilch Wasser oder Brühe verwenden und erst beim Servieren etwas Reismilch dazugeben.

Grünes Erbsen-Püree mit frischen Kräutern

Grünes Erbsenpüree ist nicht nur eine leckere, vegetarische Beilage, es wertet Fisch- und Fleischgerichte aufgrund der leuchtend grünen Farbe sowohl optisch als auch geschmacklich auf. Das Püree enthält jede Menge Nährstoffe und nur wenige Kalorien.

Benötigte Zutaten

500 g Erbsen, TK
2 Zwiebeln
3-4 EL Öl
1 Stängel Petersilie
10 – 15 Blätter Basilikum
Schnittlauch
1 EL Butter
Salz
Pfeffer
Muskat

Benötigtes Material

Pürierstab
Kochtopf
Schüssel
5 Einweckgläser
mit je 200 ml Fassungsvermögen

Aufwand

1. Die Zwiebeln schälen, halbieren und fein würfeln, anschließend in der Butter leicht andünsten.

2. Die Erbsen mit 1 Liter Wasser weichkochen, anschließend mit dem Kochwasser pürieren, Öl und Zwiebelwürfel dazugeben und kurz pürieren. Die Kräuter waschen und trocknen, zur Mischung dazugeben und ebenso pürieren. Mit Pfeffer, Salz und Muskat abschmecken. Das fertige Püree in die vorbereiten Gläser füllen.

3. Die Fettpfanne des Backofens etwa 2 cm hoch Wasser einfüllen und die Gläser hineinstellen. Dabei darauf achten, dass diese sich gegenseitig nicht berühren. Das Erbsenpüree bei 90 Grad für 20 Minuten im Backofen einkochen lassen. Alternativ das Püree im Kochtopf einkochen und die Gläser hierfür auf ein Gitter stellen.

4. Das abgekühlte Püree an einem kühlen und lichtgeschützten Ort lagern.

Zutatentipp

Verfeinere das Püree kurz vor dem Servieren mit Joghurtbutter. Gib etwas Gemüsebrühe und Currypulver hinzu und verarbeite dein Püree zur Grünen-Erbsensuppe. Dazu schmecken Crostini.

Würziges Rote-Linsen-Püree mit Chili

Das Püree schmeckt besonders gut zu Fleischgerichten wie Hühnchen. Garniere dein Püree mit ein paar Mandelsplittern und etwas Mandelmus und du erhältst eine cremige Beilage zu deftigen Hauptgerichten und indischen Speisen.

Benötigte Zutaten

- 500 g Linsen, rot
- 90 g Tomatenmark
- 2 Zwiebeln
- 4 - 6 Möhren
- 3 Knoblauchzehen
- 2 Chillischoten
- Gemüsebrühe
- 1,5 Liter Wasser
- Pfeffer
- Salz
- Chiliflocken

Benötigtes Material

- Pürierstab
- Kochtopf
- Schüssel
- Einfülltrichter
- 4 Einweckgläser mit je 200 ml Fassungsvermögen

Aufwand

1. Zwiebeln, Möhren und Knoblauchzehen schälen und in dünne Scheiben schneiden. Die Chilischoten waschen, die Enden entfernen und die Schoten fein schneiden.
2. Die roten Linsen in einen Kochtopf geben, das Gemüse dazugeben und mit dem Wasser auffüllen. Das Gemüse aufkochen lassen und bei geringer Hitze für 15 Minuten köcheln lassen.
3. Das Gemüse nun abgießen und fein pürieren, Tomatenmark und nach Belieben etwas Gemüsebrühe dazugeben und gut verrühren. Mit Salz, Pfeffer und Chiliflocken abschmecken.
4. Die Gläser nun im Kochtopf oder im Backofen einkochen lassen. Hierfür die Fettpfanne des Backofens etwa 2 cm hoch Wasser einfüllen und die Gläser hineinstellen. Dabei darauf achten, dass diese sich gegenseitig nicht berühren. Das Linsenpüree bei 90 Grad für 20 Minuten im Backofen einkochen lassen.
5. Das abgekühlte Püree an einem kühlen und lichtgeschützten Ort lagern.

Zutatentipp

Je mehr Möhren du hinzugibst, desto süßer wird dein Püree.

Beerenmus mit Acai-Beeren

Was gibt es bei hochsommerlichen Temperaturen Schöneres als ein erfrischendes Eis? Dazu ein leckeres Beeren-Fruchtmus. Beerenmus schmeckt außerdem besonders zu Mascarpone-Creme, Joghurt oder Pudding-Desserts.

Benötigte Zutaten

400 g Erdbeeren
200 g Acai Beeren
300 g Himbeeren
4 -5 EL Fruchtsaft
(zum Beispiel Orangensaft)
1 - 2 EL Rohrohrzucker
1 EL Bio-Zitronensaft

Benötigtes Material

Pürierstab
Kochtopf
Einfülltrichter
5 Einweckgläser
mit je 200 ml Fassungsvermögen

Aufwand

1. Die Beeren waschen und mit einem Papiertuch trocken tupfen. Die Erdbeeren putzen und die Stiele entfernen. Das Obst in einen Kochtopf geben mit dem Zucker mischen, den Zitronen-und Orangensaft hinzugeben und aufkochen lassen. Die Beerenmischung nun bei geringer Hitze für 5 Minuten köcheln lassen und anschließend pürieren.
2. Die noch heiße Beerenmischung in die vorbereiteten Gläser füllen und im Backofen bei 75 Grad etwa 25 Minuten lang einkochen lassen.
3. Das abgekühlte Mus an einem kühlen und lichtgeschützten Ort lagern.

Zutatentipp

Du möchtest lieber eine Beerenmarmelade? Dann gib den gewaschenen und geputzten Früchten Gelierzucker hinzu, püriere die Beeren und bringe die Mischung in einem großen Topf zum Kochen. Lasse die Beeren weitere 5 Minuten auf kleiner Flamme einkochen und fülle die Mischung in die vorbereiteten Gläser.

Rote-Rüben-Püree mit Granatapfelsirup

Rote Bete oder Rote Rüben gelten als regionales Superfood, denn sie stecken voller wichtiger Nährstoffe, schmecken besonders aromatisch und sind ein optisches Highlight zu vielen Gerichten.

Benötigte Zutaten

4 Rote Bete-Knollen
1 Knoblauchzehe
1 Zwiebel
300 ml Gemüsebrühe
2 EL Granatapfelsirup
4 EL Leinsamenöl
Meersalz
Pfeffer, rot
Pinienkerne

Benötigtes Material

Großer Kochtopf
Mixer oder Pürierstab
Einfülltrichter
5 Einweck-Gläser
mit je 200 ml Fassungsvermögen

Aufwand

1. Die Rote Bete waschen und in grobe Stücke schneiden. Den Knoblauch und die Zwiebel schälen und in feine Würfel schneiden.
2. Etwas Öl in einen Kochtopf geben, die Rote Bete und die Zwiebel darin andünsten, das Gemüse mit Salz, Pfeffer und Granatapfelsirup abschmecken. Die Gemüsebrühe dazugeben und alles aufkochen lassen. Anschließend bei geringer Hitze 20 Minuten köcheln lassen.
3. Die Gemüsemischung pürieren und noch heiß in die vorbereiten Gläser füllen und verschließen. Bei 90 Grad für 20 Minuten in den Backofen stellen. Das abgekühlte Püree kühl und lichtgeschützt lagern.

Zutatentipp

Verfeinere dein Püree vor dem Servieren mit etwas Meerrettich und Balsamico.
Das Püree schmeckt zu Fleisch- und Fischgerichten, zum Beispiel Lachsfilet.

Grüne-Bohnen-Püree mit frischen Kräutern

Grüne Bohnen sind sehr gesund, sie liefern viele wichtige Vitamine und Mineralstoffe. Im Frühsommer beginnt die Saison des grünen Gemüses. Grüne-Bohnen-Püree ist eine hervorragende Beilage zu Fleischgerichten und Fischgerichten, passt aber auch perfekt zu Antipasti und als Salatzutat.

Benötigte Zutaten

1 kg Bohnen, grün
1 Bund Bohnen
1 Bund Petersilie
2 – 3 EL Öl
1 – 2 EL Butter
4 – 5 Meersalz, gemahlen
Pfeffer, weiß
Muskat

Benötigtes Material

Großer Kochtopf
Mixer oder Pürierstab
Einfülltrichter
3 Einweckgläser
mit je 500 ml Fassungsvermögen
oder mehrere kleine Gläser

Aufwand

1. Die Bohnen waschen und putzen. In einem Topf Wasser aufkochen und Salz dazugeben. Sobald das Wasser sprudelt, die Bohnen hineingeben und etwa 4 Minuten lang kochen lassen.

2. Das Wasser abgießen, die Bohnen kurz mit kaltem Wasser abschrecken und gut trocknen.

3. Das Bohnenkraut kurz in Butter andünsten. Die Petersilie waschen und grob hacken. Die Bohnen nun grob schneiden und mit Petersilie und Bohnenkraut pürieren. Das Püree mit Salz, Pfeffer, Muskat und nach Belieben mit etwas Zitrone abschmecken.

4. Das fertige Püree in die vorbereiteten Gläser geben und verschließen. Bei 90 Grad für 20 Minuten in den Backofen stellen. Das abgekühlte Püree kühl und lichtgeschützt lagern.

Zutatentipp

Serviere das Püree zu vegetarischem Ofengemüse mit Kartoffeln. Hierfür 5 große Kartoffeln vierteln, 2 Paprikaschoten, 1 rote Zwiebel und 1 Zucchini in mundgerechte Stücke schneiden. Das Gemüse mit Salz, Zitrone, Pfeffer und Paprika marinieren und auf einem Backblech für mindestens 20 Minuten bei 180°C backen.

Buntes Paprika-Püree mit feinen Kräutern

Paprikaschoten sind aus der Küche nicht wegzudenken, sowohl als Zutaten in Salaten und Suppen, als auch als fruchtige Beilage. Die Schoten stecken voller Vitamine und Mineralstoffe. Paprikapüree schmeckt als Gemüsebeilage zu Fleischgerichten, ist aber auch eine hervorragende Würzzutat.

Benötigte Zutaten

2 Paprikaschoten, gelb
2 Paprikaschoten, rot
2 Paprikaschoten, orange
1-2 EL Zitronensaft
1 TL Zucker
2 EL Öl
Basilikumblätter
1 Bund Thymian
1 Bund Majoran
Pfeffer
Salz

Benötigtes Material

Großer Kochtopf
Mixer oder Pürierstab
Einfülltrichter
3 Einweckgläser
mit je 500 ml Fassungsvermögen
oder mehrere kleine Gläser

Aufwand

1. Die Paprikaschoten waschen, entkernen und vierteln. Mit etwas Öl in einem großen Kochtopf auf kleiner Hitze für etwa eine Stunde lang weich dünsten lassen.
2. Die Basilikumblätter, den Thymian und den Majoran waschen, trocknen und fein hacken. Die Paprikaschoten pürieren, mit Salz, Zucker, Pfeffer abschmecken und die Kräutern unterrühren.
3. Das fertige Püree in die vorbereiteten Gläser geben und verschließen. Bei 90 Grad für 20 Minuten in den Backofen stellen und einkochen lassen. Das abgekühlte Püree kühl und lichtgeschützt lagern.

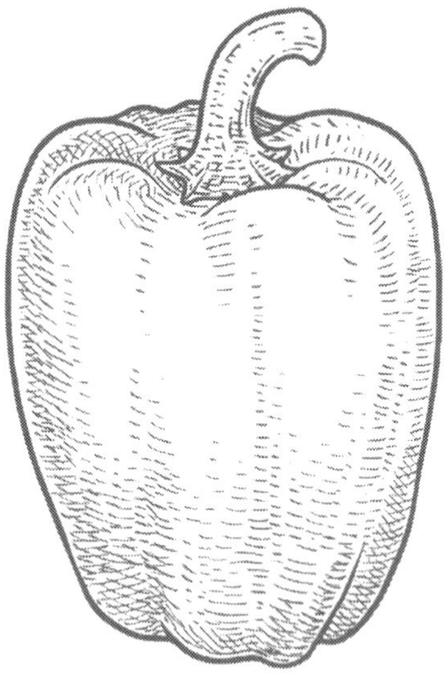

Zutatentipp

Gib zwei grob gehackte Chilischoten und eine Zwiebel zum Püree und verleihe der Speise somit einen scharfen Kick. Mit etwas Weißwein und Knoblauch kannst du außerdem hervorragende Suppen und Soßen aus deinem Püree kreieren.

Winterliches Apfelmus mit Rote Bete und Zimt

Apfelmus passt nicht nur zu Pfannkuchen, Kaiserschmarren und anderen Süßspeisen. Dieses Winterapfelmus mit Zimt und roter Bete ist eine feine Beilage zu Fleischgerichten im Herbst und Winter. Eingeweckt und verziert eignet sich das fruchtige Mus auch perfekt als Geschenk zu Weihnachten.

Benötigte Zutaten

1 kg Äpfel
2 Zimtstangen
1 Vanilleschote
2 Stück rote Bete
5 EL Zucker
6 Gewürznelken
4 Stück Sternanis
Honig

Benötigtes Material

Großer Kochtopf
Mixer oder Pürierstab
Einfülltrichter
5 Einweck-Gläser
mit je 200 ml Fassungsvermögen

Aufwand

1. Die Rote Bete waschen und schälen. Die Äpfel schälen, vierteln und das Kerngehäuse entfernen. Rote Beete und Äpfel in Stücke schneiden.
2. Die Apfelstücke in einen Kochtopf geben, das Mark der Vanilleschote herauslösen und dazugeben. Mit der Rote-Beete, Zimtstangen, Gewürznelken, Sternanis und Zucker aufkochen. Die Mischung bei mittlerer Hitze im geschlossenen Topf 20 Minuten lang dünsten lassen.
3. Die Gewürznelken, Sternanis und Zimtstange aus dem Topf entnehmen. Die Apfel- und Rote-Bete-Stücke fein pürieren. Nach eigenem Belieben mit Honig abschmecken.
4. Variante Heißeinfüllen: Das noch heiße Apfelmus in die vorbereiteten Gläser füllen, verschließen und auskühlen lassen.
5. Variante Einkochen: Das Apfelmus in die vorbereiteten Gläser geben und verschließen. Bei 90 Grad für 20 Minuten in den Backofen stellen und einkochen lassen. Anschließend langsam abkühlen lassen. Das Apfelmus kühl und dunkel lagern. So sollte es mindestens 10 Monate lang haltbar sein.

Zutatentipp

Mit diesem schmackhaften Mus kannst du ein dekoratives Schichtdessert für herbstliche und winterliche Tage zaubern. Rühre einen Becher Mascarpone mit etwas Milch, Vanillemark und einem Päckchen Vanillezucker cremig und schichte die Creme abwechselnd mit dem Mus in Dessertgläser. Dekoriere das fertige Dessert mit Früchten und Mandelstiften.

Erfrischendes Melone-Nektarinen-Mus mit Limette

Nektarinen sind besonders saftig und gesund, ebenso wie Melonen, die zudem sehr erfrischend und reich an Wasser sind. Dieses leckere Fruchtmus eignet sich gerade im Sommer an heißen Tage als Grundlage für zahlreiche Desserts, zu Quark- und Joghurtspeisen und sogar als feiner Babybrei.

Benötigte Zutaten

500 g Honigmelone
5 Nektarinen
80 g Zucker
3 EL Öl
1 Limette

Benötigtes Material

Großer Kochtopf
Mixer oder Pürierstab
Einfülltrichter
5 Einweck-Gläser
mit je 200 ml Fassungsvermögen

Aufwand

1. Die Nektarinen waschen und in Scheiben schneiden. Die Melone halbieren, das Fruchtfleisch herauslösen und in Würfel schneiden. Die Limette halbieren, den Saft auspressen und auffangen.
2. Das Obst gemeinsam mit dem Öl und dem Zucker in einem Kochtopf für 10 Minuten aufkochen lassen. Die Mischung anschließend fein pürieren, noch heiß in die vorbereiten Gläser einfüllen und rasch verschließen (Variante Heißeinfüllen)
3. Variante Einkochen: Das Mus in die vorbereiteten Gläser geben und verschließen. Bei 90 Grad für 20 Minuten in den Backofen stellen und einkochen lassen. Das fertige Mus kühl und lichtgeschützt lagern.

Zutatentipp

Gib etwas Sahne hinzu, serviere das Melonenmus mit einer Kugel Eis und garniere das fruchtige Dessert mit ein paar Nektarinen-Stücken. Mit etwas Grießbrei und Milch kannst du dir auch ein schnelles und süßes Porridge-Frühstück zubereiten.

Buntes Johannisbeere-Mus

Johannisbeeren stecken voller Vitamine und gelten als absolute Superfrüchte, wobei die schwarze Johannisbeere etwas herber als ihre roten und weißen Geschwister schmeckt. Ob als Likör, Sirup, Gelee oder Marmelade, Johannisbeeren können vielfältig verarbeitetet werden. Das bunte Johannisbeere-Mus ist ein leckerer Brotaufstrich und eignet sich hervorragend für Füllungen in Torten, Kuchen und anderen Desserts. Auch zu Süßspeisen wie Crêpes und Pfannkuchen ist das Mus ein wahrer Genuss.

Benötigte Zutaten

300 g rote Johannisbeeren
300 g weiße Johannisbeeren
100 g schwarze Johannisbeeren
400 g Gelierzucker

Benötigtes Material

Großer Kochtopf
Einfülltrichter
Großes Sieb
5 Einweck-Gläser
mit je 200 ml Fassungsvermögen

Aufwand

1. Die Johannisbeeren waschen, mit einer Gabel zerdrücken und durch ein großes Sieb streichen, sodass die Kerne zurückbleiben. Die Beeren nun mit dem Gelierzucker verrühren.
2. Die Beeren in die vorbereiteten Gläser füllen und im Kochtopf oder Backofen bei 75 Grad für 25 Minuten einkochen lassen. Kühl und lichtgeschützt lagern.

Zutatentipp

Mit dem Beerenmus kannst du auch eine herzhaft-scharfe Soße für Fleisch- und Fischgerichte zubereiten. Gib hierfür etwas Salz, Rotweinessig, vier Knoblauchzehen und vier Chili-Schoten dazu.

Pfirsich-Birnen-Mus mit Pinienkernen

Dieses leckere Pfirsich-Birnenmus passt perfekt zu Brot und Kartoffelpuffern und lässt sich vielfältig abwandeln. Wenn du es gern schokoladig magst, dann gib vor dem Servieren etwas Kakao dazu. Im Winter kannst du anstatt der Pfirsiche ein paar Äpfel hinzugeben und das Mus mit Sternanis und Gewürznelken aufkochen lassen. Garniere das fertige Mus mit ein paar Mandelblättchen.

Benötigte Zutaten

600 g Birnen
300 g Pfirsiche
1 Bio-Zitrone
1 Vanilleschote
90 g Zucker
Ceylon-Zimt
Pinienkerne

Benötigtes Material

Großer Kochtopf
Einfülltrichter
Pürierstab
4 Einweck-Gläser mit je 200 ml Fassungsvermögen

Aufwand

1. Die Pfirsiche und Birnen waschen, das Obst vierteln, Kerne und Steine entfernen. Die Zitrone auspressen und den Saft auffangen.
2. Den Zitronensaft gemeinsam mit den Birnen und Pfirsichen in einen Kochtopf geben. Das Mark der Vanilleschote herauslösen und mit dem Zucker und den Pinienkernen zum Obst geben. Mit etwas Wasser aufkochen und 20 Minuten köcheln lassen.
3. Wenn das Obst weich ist, den Topf vom Herd nehmen, mit einem Pürierstab pürieren und mit Zimt abschmecken.
4. Das heiße Mus in die vorbereiten Gläser füllen. Bei 90 Grad für 20 Minuten in den Backofen oder ins Wasserbad auf dem Herd stellen. Das abgekühlte Püree kühl und lichtgeschützt lagern.

Zutatentipp

Die Zugabe von Zucker richtet sich nach dem persönlichen Belieben, aber auch nach der Süße der Früchte. Noch fruchtiger wird dein Püree, wenn du anstatt Wasser zum Einkochen, Birnensaft oder Apfelsaft verwendest.

Fruchtiges Quittenmus mit Orange und Ingwer

Quitten lassen sich hervorragend zu Mus, Gelee und Marmelade verarbeiten. Mit Zitronensaft, Vanillemark und etwas Zimt schmeckt dieses feine Mus aus Quitten besonders gut auf dem Brot.

Benötigte Zutaten

500 g Quitten
1 Bio-Zitrone
3cm Ingwer-Knolle
200 ml Orangensaft
1 Vanilleschote
80 g Zucker
1 TL Ceylon-Zimt

Benötigtes Material

Großer Kochtopf
Einfülltrichter
Pürierstab
4 Einweck-Gläser
mit je 200 ml Fassungsvermögen

Aufwand

1. Quitten waschen, in dünne Scheiben schneiden und das Kerngehäuse entfernen. Den Ingwer schälen und fein reiben. Die Zitrone fein abreiben und auspressen, den Saft auffangen.
2. 200 ml Orangensaft mit dem Zucker, Zimt, Ingwer und dem Zitronensaft und dem Zitronenabrieb aufkochen lassen. Die Quittenscheiben dazugeben und für 10 Minuten weichkochen lassen.
3. Das Mus nun mit dem Pürierstab pürieren, mit Zimt abschmecken und die heiße Masse in die vorbereiten Gläser einfüllen.
4. Das heiße Mus in die vorbereiten Gläser füllen. Bei 90 Grad für 20 Minuten in den Backofen oder ins Wasserbad auf dem Herd stellen. Das abgekühlte Mus kühl und lichtgeschützt lagern.

Zutatentipp

Da die Konsistenz eher grob ist, eignet sich das leckere Mus nicht nur für Brotaufstriche, sondern auch für Füllungen bei Süßspeisen. Soll das Mus zu herzhaften Gerichten, z.B. Wild, serviert werden, kannst du etwas Weißwein dazugeben.

Herbstliches Pflaumenmus
mit Birne & dunkler Schokolade

Pflaumenmus herzustellen ist gar nicht schwer, etwas Zitrone rundet den Geschmack ab und Birne und Schokoladenstückchen verleihen dem Mus eine ganz besondere Note. Dieses Pflaumenmus schmeckt als feiner Brotaufstrich ebenso gut wie zu Süßspeisen. Es eignet sich auch als Füllung in Kuchen, Hefezopf, Berlinern oder Torten.

Benötigte Zutaten

1,5 kg Pflaumen
500 g Birnen
1 Bio-Zitrone
150 g Zucker, braun
50 g Schokolade, zartbitter

Benötigtes Material

Großer Kochtopf
Einfülltrichter
4 Einweckgläser
mit je 500 ml Fassungsvermögen
oder mehrere kleine Gläser

Aufwand

1. Die Pflaumen und Birnen waschen und entkernen. Das Obst mit dem Zucker in einen großen Topf geben, vermengen und abgedeckt 12 Stunden lang ziehen lassen.
2. Die Zitrone auspressen und die Schokolade fein hacken. Zitronensaft und die gehackte Schokolade mit dem Obst vermischen, in einem großen Kochtopf aufkochen und anschließend 1,5 Stunden garen lassen. Dabei regelmäßig umrühren. Gegen Ende der Kochzeit die Schokoladenstücke dazugeben und unterrühren.
3. Das fertige Mus in die vorbereiteten Gläser füllen, sofort verschließen und kühl und lichtgeschützt lagern.

Zutatentipp

s ist wichtig, dass du bei der Zubereitung des Muses vollreife Pflaumen oder Zwetschgen verarbeitest. Verfeinere das Mus mit etwas Zimt und Kardamom und genieße dazu Pfannkuchen oder ein Stück Apfelstrudel.

Winterliches Granatapfel-Cranberry-Mus mit Zimt

Dieses Mus passt hervorragend in die Winter- und Weihnachtszeit. Es ist ein schmackhafter Brotaufstrich, kann aber auch zu einer leckeren Bratensoße verarbeitet werden und passt zu vielerlei Desserts.

Benötigte Zutaten

4 Granatäpfel
200 g Cranberrys
150 g Zucker
Zimt

Benötigtes Material

Großer Kochtopf
Zitronenpresse
Einfülltrichter
4 Einweck-Gläser
mit je 200 ml Fassungsvermögen

Aufwand

1. Die Granatäpfel halbieren, die einzelnen Kerne herauslösen und pürieren (dabei auf ein Spritzschutz, z.B. Küchenpapier, achten). Für ein Mus ohne Kerne die entstehende Masse durch ein Sieb drücken. Die Cranberrys verlesen und einen Kochtopf geben. Den dicken Saft der Granatäpfel und den Zucker hinzugeben und aufkochen lassen.

2. Die Masse köcheln lassen bis die Cranberrys aufplatzen. Anschließend bei geringer Hitze noch weitere 15 Minuten einkochen lassen. Nach Belieben mit Zimt abschmecken.

3. Das fertige, noch heiße Mus in die vorbereiten Gläser füllen. Bei 90 Grad für weitere 10 Minuten in den Backofen oder ins Wasserbad auf dem Herd stellen. Das abgekühlte Mus kühl und lichtgeschützt lagern.

Zutatentipp

Mit Nelke, Kardamom und Orangenschale kannst du dem winterlichen Mus eine zusätzlich weihnachtliche Note verleihen. Das leckere Mus schmeckt besonders gut zu Eis- oder Schokoladencreme.

Dürfen wir Dich kurz unterbrechen?

Deine Meinung als Leser ist gefragt!

Egal ob unsere Verlagsleitung, der Autor, unser Lektorat oder unsere Layouterin… oberstes Ziel jedes unserer Teammitglieder ist es, dass du von deinem Leseerlebnis begeistert bist und einen echten Mehrwert in dein Leben mitnehmen kannst.

Daher bitten wir dich herzlich um dein Feedback:
Hat dich dieser Ratgeber weitergebracht?
Was können wir verbessern?
Oder gefällt dir etwas gar nicht?
Konnte dir das Buch helfen, eine gesünderes Essen in deinen Alltag zu integrieren?

Nimm Kontakt zu uns auf und teile uns deinen persönlichen Eindruck mit.

Insbesondere falls du mit diesem Buch unzufrieden bist, bitten wir dich, uns deine ehrliche und ungeschönte Meinung mitzuteilen, damit wir uns weiterentwickeln können.

Nutze dazu unser bequemes Feedback-Formular oder schreibe eine Mail an selbermach.verlag@gmail.com

Als Dankeschön erhältst du exklusiv Kerstin Neumanns Extra-PDF »5 Brotrezepte« per Mail zugeschickt. Wir freuen uns auf dein Feedback und wünschen viel Spaß beim Weiterlesen!

Im Namen des Verlagsteams

Tom Bernhardt

Feedback geben unter
www.tinyurl.com/
EinkochenUmfrage

https://forms.gle/
DJbiCvc2fz1XhAzN6

Weihnachtliches Orangen-Apfelmus

Es gibt kaum jemanden, der Apfelmus nicht mag, denn für viele ist der Klassiker mit Kindheitserinnerungen verbunden. Dieses Apfelmus ist besonders lecker, denn mit Orangenschale und Lebkuchengewürz erhält es eine weihnachtliche Note. Du kannst es sowohl pur genießen als auch für Füllungen in Croissants, Muffins, Kuchen oder Waffeln verwenden. Auch zu herzhaften Speisen schmeckt das Mus hervorragend. Gib etwas Rum-Aroma und zwei Prisen Anis hinzu und serviere es zu Sauerbraten.

Benötigte Zutaten

1,5 kg Äpfel
4 Bio-Orangen
1 Vanilleschote
1 Päckchen Vanillezucker
40 g Lebkuchengewürz
Zitronensaft
Zimt

Benötigtes Material

Großer Kochtopf
Zitronenpresse
Pürierstab
Einfülltrichter
6 Einweck-Gläser
mit je 200 ml Fassungsvermögen

Aufwand

1. Die Äpfel schälen, das Kerngehäuse entfernen und die Äpfel in Stücke schneiden. Die Orangen waschen, trocknen und dünn schälen. Die Orangen auspressen, den Orangensaft und die Orangenschalen zu den Äpfeln geben.
2. Das Vanillemark aus den Schoten herauslösen und zusammen mit dem Vanillezucker und den Äpfeln in einem Kochtopf aufkochen lassen. Die Äpfel bei geringer Hitze weich köcheln lassen. Das Mus mit den Gewürzen und einem Spritzer Zitronensaft abschmecken.
3. Die Mischung pürieren, noch heiß in die vorbereiteten Gläser einfüllen und im Ofen oder Kochtopf bei 90 Grad für 10 Minuten einkochen lassen.

Zutatentipp

Stelle dein Lebkuchengewürz selbst her. Vermenge dafür folgende Gewürze: 70 g Ceylon-Zimt, 18 g Nelken, 2 g Muskatnuss, 4 Koriander, 4 Kardamom, 2g Muskatblüte, 4 g Ingwer und 4 g Piment. Das übriggebliebene Lebkuchengewürz kannst du in einer Gewürzdose aufbewahren.

Fruchtiges Mangopüree mit Passionsfrucht
für karibische Desserts

Auch Mangos gelten als Superfood: D exotischen, vitaminreichen Früchte sind sehr saftig und gelten bei der Zubereitung herzhafter und süßer Speisen als beliebte Zutat. Mit diesem Mangopüree kannst du zauberhafte Desserts mit Quark, Joghurt oder Vanillecreme herstellen.

Benötigte Zutaten

2 Mangos, reif
1 Passionsfrucht
150 ml Maracujasaft

Benötigtes Material

Großer Kochtopf
Pürierstab
Einfülltrichter
Teelöffel
4 Einweck-Gläser
mit je 200 ml Fassungsvermögen

Aufwand

1. Die Mangos schälen, entsteinen und in grobe Stücke schneiden. Die Passionsfrucht halbieren, das Innere mit einem Löffel herauslösen und zu den Mangostücken geben. Mit dem Maracujasaft in einem großen Kochtopf aufkochen lassen und etwa 15 Minuten bei geringer Hitze weich köcheln lassen.
2. Das Obst fein pürieren, die noch heiße Masse in die vorbereiteten Gläser füllen und sofort verschließen. Bei 90 Grad das Püree 10 Minuten einkochen lassen.

Zutatentipp

Kreiere ein karibisches Schichtdessert aus Mangopüree mit Kokoscreme. Verrühre 1 EL Speisestärke mit einer Prise Rohrzucker und etwas Kokosmilch. Erhitze nebenbei 220 ml Kokosmilch in einem Topf, gib die Stärkemischung hinzu und lasse die Mischung aufkochen. Anschließend den Topf vom Herd ziehen und in die Kühlung stellen. 130 g Joghurt und einen Spritzer Zitronensaft zur kalten Creme geben und verrühren. Die fertige Creme abwechselnd mit dem Mangopüree in hübsche Gläser schichten und kühl servieren.

3.

Kompott

Eingekochtes Obst kennen die meisten von uns noch aus Omas Zeiten. Eingekochte Äpfel, Kirschen, Birnen oder Pfirsiche schmecken nicht nur gut, hübsch verpackt sind sie auch besonders dekorativ und ein hübsches Mitbringsel für Freunde und Verwandte.

Wichtig ist wie auch bei der Herstellung von Püree, dass das Kompott-Obst gut gewaschen, entkernt oder entsteint und in saubere, sterilisierte Gläser eingefüllt wird. Das Kompott wird in der Regel mit einem vorher erhitzten Sud, einer Lösung aus Zucker, bedeckt und die Gläser nach dem Befüllen sofort verschlossen. Auf der nächsten Seite findest du ein Grundrezept zur Herstellung der Zuckerlösung.

Nicht jede Frucht eignet sich gleichermaßen zum Einkochen. Beerenobst erhält durch das Einkochen zum Beispiel eine sehr weiche Konsistenz. Wer Beeren lieber im Ganzen mag, sollte dann lieber aufs Einfrieren zurückgreifen.

Kompott einkochen mit Zuckerlösung

Auch beim Einkochen von Kompott ist es wichtig, dass die Lebensmittel einwandfrei und frisch sind. Lediglich mit Wasser, Zucker und frischem Obst kannst du Kompott für eine längere Zeit haltbar machen und für viele Gerichte nutzen oder als Gelee, Marmelade, Chutney und Konfitüre weiterverarbeiten.

Benötigte Zutaten

Obst, je nach Rezept
Zucker, je nach Rezept
Gewürze
  z. B. Zimt, Nelken, Zitronenschale, Ingwer
Wasser

Benötigtes Material

Kochtopf
Einweck-Gläser
ggf. Entkerner
ggf. Schälmesser/Gemüseschäler

Aufwand

1. Die im Rezept angegebene Wassermenge in einem Kochtopf aufkochen und den Zucker einrühren, bis sich dieser komplett auflöst. Den heißen Sud nun etwas abkühlen lassen.
2. Das Obst vorbereiten und gut waschen, entkernen und ggf. in Stücke schneiden. Faule Stellen und Stiele entfernen.
3. Das Obst in die vorbereiteten Gläser füllen und mit dem Sud auffüllen, bis die Früchte völlig bedeckt sind. Dies ist wichtig, um eine lange Haltbarkeit zu gewährleisten.
4. Die Gläser verschließen und im Backofen bei 75°C bis 90°C für 20 bis 30 Minuten einkochen lassen, bis sich im Glas Bläschen bilden. Die Gläser sollten einander nicht berühren.
5. Bei manchen Lebensmitteln empfiehlt es sich, nach dem Einkochen den Backofen abzuschalten und die Gläser noch etwa 20 – 30 Minuten auf dem Backblech stehen zu lassen.
6. Anschließend die Gläser dem Ofen entnehmen und kontrollieren, ob sie gut verschlossen sind. Abkühlen lassen, lichtgeschützt und kühl lagern.

Zutatentipp

Der Zuckergehalt der Früchte richtet sich unter anderem auch danach, wie reif und süß das Obst ist. Süße und sehr reife Früchte werden grundsätzlich mit weniger Zucker eingekocht als saure Früchte, da erstere schon natürlich süß schmecken. Bei sauren Früchten empfehlen sich zwischen 500 g bis 1000 g Wasser auf 2 Liter Wasser, bei süßen Früchten sind hingegen 250 g bis 500 g Zucker auf 2 Liter Wasser völlig ausreichend.

Aromatisches Birnenkompott
mit Zimt und Zitronennmelisse

Birnen können als Marmelade, Gelee oder Kompott eingekocht werden. Mit Zimt und Nelken schmecken sie besonders gut zu Wild- und Kalbsfleisch, aber auch zu Käsegerichten. Diese Variante ist alkoholfrei, das Birnen-Kompott kann jedoch ebenso mit Weißwein oder Rotwein eingekocht werden.

Benötigte Zutaten

2 kg Birnen, fest
1 Bio-Zitrone
650 g Zucker
1 Vanilleschote
1 Zimtstange
6 - 8 Blätter Zitronenmelisse
6 - 8 Gewürznelken

Benötigtes Material

Großer Kochtopf
4 Einweck-Gläser
mit je 500 ml Fassungsvermögen
Schälmesser/Gemüseschäler

Aufwand

1. Die Birnen waschen, schälen und vierteln. Die Birnen-Viertel entkernen und in 3 cm große Stücke schneiden. Die Stücke in die vorbereiten Gläser geben.
2. Nun die Zuckerlösung herstellen und dafür 2 Liter Wasser mit dem Zucker zum Kochen bringen. Die Zitrone waschen, trocken tupfen und sparsam abschälen. Den Zitronensaft auspressen. Vanillemark aus der Schote herauslösen und mit den Gewürzen zu den Birnen geben.
3. Die Mischung erneut aufkochen lassen, anschließend die Gewürze entnehmen und den noch heißen Sud auf die Birnenstücke in den Gläsern geben, sodass das Obst vollständig bedeckt ist.
4. Die Gläser sofort verschließen und in einem Kochtopf im Wasserbad bei 90 °C für 20 Minuten lang einkochen lassen. Alternativ 2 cm hoch Wasser in die Fettpfanne des Backofens füllen und die Gläser dort für 20 Minuten bei 90°C einkochen lassen.
5. Die Gläser verschließen, abkühlen lassen, kühl und dunkel lagern.

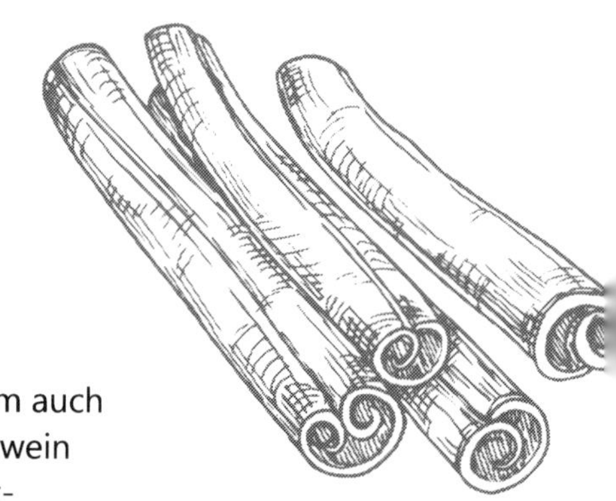

Zutatentipp

Sehr fein schmecken in Rotwein eingekochte Birnen. Diese Variante ist zudem auch ein besonderer optischer Hingucker. Gib hierfür 500 g Birnen auf 250 ml Rotwein und 100 g Zucker, dazu Vanillemark und Zimtstangen. Die eingekochten Rotwein-Birnen sind sogar bis zu 2 Jahre lang haltbar.

Fruchtiges Erdbeer-Himbeer-Kompott

Erdbeeren und Himbeeren neigen dazu, schnell zu schimmeln und sollten daher möglichst schnell verarbeitet werden. Doch die roten Früchte eignen sich nicht nur für Gelees und Marmeladen. Dieser fruchtige Erdbeer-Himbeer-Kompott kann als eine feine Füllung für Torten, Kuchen und Schichtdesserts verarbeitet werden. Es schmeckt hervorragend zu Vanillesoße, Joghurt, Panna cotta, Grießbrei aber auch zu Käsegerichten.

Benötigte Zutaten

800 g Erdbeeren
200 g Himbeeren
300 g Zucker
1 Liter Wasser

Benötigtes Material

3 Einweck-Gläser
mit je 500 ml Fassungsvermögen
oder mehrere kleine Gläser
Schüssel
Kochtopf

Aufwand

1. Die Erdbeeren waschen, putzen, trocknen und halbieren. Die Himbeeren waschen und trocknen. Nun den Sud herstellen und dafür 300 g Zucker in einem Liter Wasser auflösen.
2. Die Beeren möglichst dicht in die vorbereiteten Gläser geben und mit dem Sud auffüllen, sodass alle Früchte bedeckt sind.
3. Die Gläser verschließen und im Kochtopf bei 75°C für 30 Minuten lang einkochen. Anschließend die Gläser aus dem Topf nehmen, sofort verschließen, abkühlen lassen und lichtgeschützt und kühl lagern.

Zutatentipp

Serviere das Kompott doch im Sommer zu einer selbstgemachten Vanillecreme. Für die Creme 500 ml Milch mit einer Prise Salz und etwas Vanillemark aufkochen lassen. Nebenbei in einem kleinen Topf zwei 2 Eigelb mit 30 g Zucker und 25 g Speisestärke anrühren, die heiße Vanille-Milch nach und nach unterrühren und bei ständigem Rühren erneut aufkochen lassen. Das Eiweiß steif schlagen und vorsichtig mit etwas Schlagsahne unter die Milchmischung heben. Kühl zum Frucht-Kompott servieren.

Schmackhaftes Physalis-Kompott

Die Physalis ist auch bekannt als Andenbeere oder Kapstachelbeere. Wir naschen die gelb-orangefarbenen Früchte gerne vom Strauch oder im Obstsalat, doch die Physalis-Früchte lassen sich auch hervorragend zu Marmelade, Gelee oder Kompott verarbeiten. Auch als Füllung und Dekoration für Torten eignen sich die Früchte perfekt.

Benötigte Zutaten

- 1,5 kg Physalis
- 2 Vanilleschoten
- 0,5 Liter Orangensaft
- 0,5 Liter Mangosaft
- 120 g Zucker, braun

Benötigtes Material

- 3 Einweck-Gläser mit je 500 ml Fassungsvermögen
- Großer Kochtopf
- Schüssel

Aufwand

1. Die Blätter der Physalis entfernen, die Früchte waschen und halbieren oder ganz verwenden. Das Mark der Vanilleschoten herauslösen.
2. Die Fruchtsäfte mit dem Zucker und dem Vanillemark in einem Kochtopf zum Kochen bringen. Die Physalis hinzugeben und aufkochen lassen. Etwa 3 Minuten im Sud kochen lassen.
3. Die Früchte nun in die Gläser füllen und darauf achten, dass alle mit Flüssigkeit bedeckt sind. Im Wasserbad im Kochtopf bei 90°C für 30 Minuten lang einkochen lassen.
4. Die Gläser verschließen, abkühlen lassen und kühl und dunkel lagern.

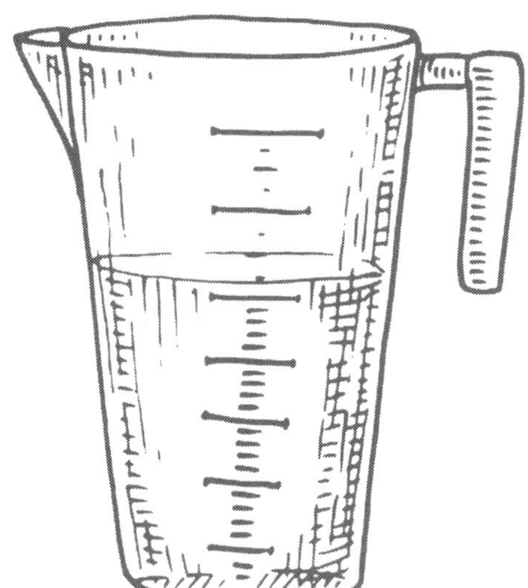

Zutatentipp

Anstatt der Fruchtsäfte kannst du Physalis auch anteilig mit Weißwein und Wasser einkochen. Gib hierbei einen Zweig Holunderblüten oder Thymian und einen Spritzer Zitrone hinzu. Diese Gewürze vor dem Einfüllen in die Gläser entfernen und im Backofen einkochen lassen.

Mirabellen-Kompott mit Weißwein

Mirabellen kennen wir auch als die Gelbe Zwetschge. Die gelben Früchte sind eine Unterart der Pflaume. Sie lassen sich leicht entkernen und vielfältig verarbeiten, zum Beispiel zu Kompott, Gelee und Marmeladen. Dieses Kompott schmeckt sowohl warm als auch kalt. Weißwein und feine Gewürze runden den Geschmack perfekt ab.

Benötigte Zutaten

1 kg Mirabellen
125 ml Weißwein, trocken
100 g Zucker
2 Zimtstangen
2 Päckchen Vanillezucker
Anis nach Belieben
1 – 2 EL Zitronensaft
Wasser

Benötigtes Material

5 Einweck-Gläser
mit je 200 ml Fassungsvermögen
Großer Kochtopf
ggf. Entkerner
Schüssel

Aufwand

1. Zuerst die Mirabellen waschen, die Kerne entfernen und die Früchte halbieren. Das Wasser mit dem Weißwein vermischen, den Zucker hinzugeben und verrühren, bis sich der Zucker aufgelöst hat.

2. Die Zimtstangen dazugeben und den Sud in einem großen Topf aufkochen lassen. Die Mirabellen dazugeben und erneut aufkochen lassen. Auf niedriger Stufe etwa 5 Minuten köcheln lassen.

3. Zimtstangen aus dem Sud nehmen, Vanillezucker und Anis dazugeben, umrühren und den Sud auskühlen lassen. Die Mirabellen in die vorbereiten Gläser füllen und mit dem Sud bedecken.

4. Im Kochtopf oder Backofen bei 90 °C einkochen lassen. Die Gläser verschließen und abkühlen lassen, kühl und lichtgeschützt lagern.

Zutatentipp

Bei Früchten wie Mirabellen gilt es darauf zu achten, diese nicht bei zu hoher Hitze aufkochen zu lassen, da sie sonst zerkochen. Die Mirabellen schmecken als Füllung in Torten und zu Joghurt- oder Süßspeisen.

Zwetschgenkompott in Übersee-Rum

Pflaumen gehören zu den besonders sortenreichen Obstarten. Eine der bekanntesten Unterarten ist die Zwetschge: Dieses Steinobst besteht aus eher festem Fruchtfleisch, lässt sich leicht entsteinen und behält auch bei Erhitzung seine Form. Zwetschgen eignen sich daher besonders gut zum Einkochen von Kompott und schmecken besonders gut zu Eisspeisen.

Benötigte Zutaten

- 1,5 kg Zwetschgen
- 650 g Zucker, braun
- 2 Zimtstangen
- 1 Päckchen Vanillezucker
- 1 Flasche Übersee-Rum (54% Alkoholgehalt)

Benötigtes Material

- 6 Einweck-Gläser mit je 200 ml Fassungsvermögen
- Großer Kochtopf
- Schüssel

Aufwand

1. Die Pflaumen waschen, entsteinen und halbieren. Mit dem Zucker, der Zimtstange in einen Topf geben. Den Rum dazugeben und aufkochen lassen.
2. Die Pflaumen etwa 10 Minuten kochen, bis sie weich sind. Vorsicht: Die Masse schäumen. Den Vanillezucker hinzugeben und umrühren. Die Zimtstange herausnehmen und die Mischung in die vorbereiten Gläser füllen.
3. Die Gläser fest verschließen und für vier Wochen lang durchziehen lassen. Kühl und dunkel lagern.

Zutatentipp

Achte darauf, die Pflaumen nicht zu lange zu kochen, da sie sonst matschig werden.

Feine Äpfel in Rotwein

In der Weihnachtszeit lassen wir uns gern Birnen in Rotwein schmecken, doch auch kleine Äpfel eignen sich hervorragend zum Einkochen in Wein. Füge weihnachtliche Gewürze, Zitronensaft und Ingwer hinzu und du erhältst eine schmackhafte Beilage zu Wildgerichten oder ein wundervoll-süßes Dessert.

Benötigte Zutaten

1,5 kg Äpfel
100 g Zucker, braun
1 Flasche Rotwein, halbtrocken
100 ml Aperitif-Wein
1 Zimtstange
3 - 4 Gewürznelken
3 El Zitronensaft
Ingwer

Benötigtes Material

6 Einweck-Gläser
mit je 200 ml Fassungsvermögen
Großer Kochtopf
Schüssel

Aufwand

1. Den Rotwein mit 600 ml Wasser in einen Topf geben. Dessertwein, Zimtstange, Nelken, etwas Ingwerpulver und Zitronensaft dazugeben und aufkochen lassen.
2. Die Äpfel schälen, entkernen und halbieren oder in Stücke schneiden. Die Äpfel sofort in den Wein-Sud geben und bei geringer Hitze für 1-2 Minuten köcheln lassen.
3. Die Äpfelhälften aus dem Sud nehmen und die Gläser geben. Den Sud erneut aufkochen lassen und die Äpfel damit bedecken. Die Gläser verschließen, abkühlen lassen, kühl und dunkel lagern.

Zutatentipp

Verfeinere das Kompott mit Vanille und etwas abgeriebener Orangenschale. Serviere die Rotwein-Äpfel mit etwas Schlagsahne, Mandelblättchen und einem Minzblatt.

Süßes Stachelbeer-Kompott mit Kiwi

Das feine Stachelbeer-Kompott passt besonders gut zu Joghurtspeisen oder erfrischende Kaltschalen im Sommer. Es empfiehlt sich, die Stachelbeeren vor dem Einkochen mit einer Nadel zu punktieren, damit sie während des Einkochens nicht aufplatzen.

Benötigte Zutaten

600 g Stachelbeeren
2 Kiwis
500 ml Weißwein, trocken
180 g Rohrohrzucker
1 Bio-Zitrone
1 Vanilleschote
etwas Orangenlikör

Benötigtes Material

4 Einweck-Gläser
mit je 200 ml Fassungsvermögen
Großer Kochtopf
Schüssel
Reibe
Zitronenpresse

Aufwand

1. Die Stachelbeeren waschen, putzen und trocknen lassen. Die Kiwis schälen und in Würfel schneiden. Zitrone waschen, Schale fein abreiben und auspressen.
2. Das Mark der Vanilleschote herauslösen und mit dem Rohrzucker, Zitronenschale, dem Weißwein und einem Schuss Orangenlikör in einem Topf aufkochen lassen.
3. Die Stachelbeeren und Kiwi-Würfel für 2 Minuten lang mitköcheln lassen.

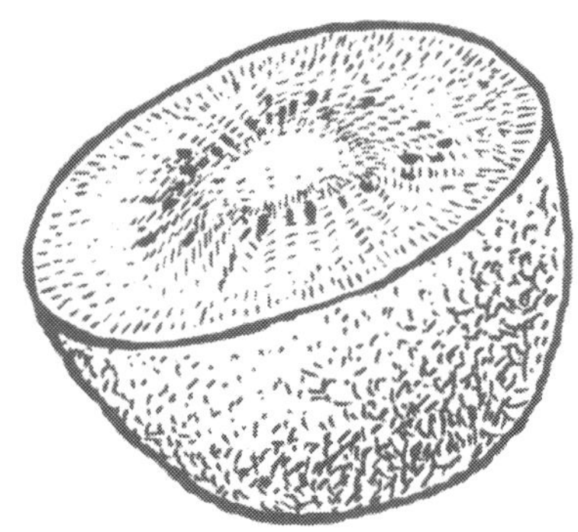

Zutatentipp

Kiwis werden beim Einkochen weich. Stachelbeeren in Kombination mit Kiwi eignen sich daher auch perfekt zum Einwecken von Marmeladen, Gelees und Konfitüren. Wer ganze Früchte im Kompott lieber mag, kann statt der Kiwis 200 g Kirschen dazugeben.

Fruchtiges Himbeer-Rhabarber-Kompott

Rhabarber schmeckt besonders erfrischend, für manche ist der herb-säuerliche Geschmack allerdings zu intensiv. In Kombination mit Himbeeren erhält dieses leckere Kompott eine aromatisch-milde Note. Das Himbeer-Rhabarber-Kompott schmeckt zu zahlreichen Süßspeisen, wie Apfel- oder Traubenstrudel, Vanilleeis und Grießbrei, aber auch zu pikanten Fleisch- und Fischgerichten.

Benötigte Zutaten

750 g Rhabarber
350 g Himbeeren
90 g Zucker
1 Bio-Zitrone
1 - 2 Zimtstangen

Benötigtes Material

4 Einweck-Gläser
mit je 200 ml Fassungsvermögen
Großer Kochtopf
Schüssel
Reibe

Aufwand

1. Den Rhabarber waschen, putzen und in 3 cm große Stücke schneiden. Die Himbeeren waschen und trocken tupfen.
2. Rhabarber und Himbeeren mit dem Zucker in einen Topf geben und für 30 Minuten ziehen lassen. Nun die Zimtstangen dazugeben, aufkochen lassen und bei geringer Hitze für 10 Minuten köcheln lassen.
3. Die Schale der Zitrone fein abreiben und zum Rhabarber und den Himbeeren geben. Bei geringer Hitze weitere 3 Minuten köcheln lassen.
4. Die Mischung in die vorbereiten Gläser füllen und für 20 Minuten bei 90°C im Backofen oder Kochtopf einkochen lassen. Die Gläser fest verschließen, abkühlen lassen und kühl lagern.

Zutatentipp

Serviere das Fruchtkompott mit einer erfrischender Zitronencreme. Für die Creme benötigst du den Saft und die feingeriebene Schale von sechs Zitronen. Gib den Zitronensaft in einen Topf und gib 100 ml Orangensaft, 100 g Zucker, 3 Eigelb und 60 g Speisestärke hinzu. Erhitze die Creme, bis eine bindende Masse entsteht. Die Zitronenschale hinzugeben, die Masse in Dessertschalen geben und für mindestens 3 Stunden abgedeckt kühlstellen. Vor dem Servieren das Himbeer-Rhabarberkompott und etwas Schlagsahne dazu geben sowie mit einem Minzblatt garnieren.

Thymian-Pfirsich-Kompott mit Nelke

Pfirsiche können mit oder ohne Schale eingekocht werden. In der Schale stecken jedoch viele gesunde Nährstoffe, daher empfiehlt es sich die Pfirsiche mit Schale mit einzukochen. Für dieses Rezept verwenden wir Thymian und Nelken, stattdessen können die Pfirsiche aber auch mit Zimt und Vanillemark eingekocht werden, je nachdem wofür sie Verwendung finden sollen.

Benötigte Zutaten

1,5 kg Pfirsiche
150 g Rohrohrzucker
1 Bio-Zitrone
2 Zweige Thymian
4-5 Gewürznelken

Benötigtes Material

5 Einweck-Gläser
mit je 200 ml Fassungsvermögen
Großer Kochtopf
Schüssel
ggf. Schälmesser/Gemüseschäler

Aufwand

1. Die Pfirsiche gut waschen, die Steine entfernen, die Früchte halbieren und dann in Streifen schneiden. Die Zitrone auspressen.
2. Die Pfirsichstücke mit dem Zitronensaft, 230 ml Wasser und dem Zucker in einen Kochtopf geben und aufkochen lassen.
3. Den Thymian und die Gewürznelken dazu geben und alles bei geringer Hitze etwa 12 Minuten lang köcheln lassen.
4. Die Gewürze wieder entnehmen und das Pfirsichkompott in die vorbereiteten Gläser geben. Die Gläser verschließen, abkühlen lassen und anschließend kühl und dunkel lagern. Das Pfirsichkompott ist etwa 6 Monate lang haltbar.

Zutatentipp

Eine besondere Geschmacksnote erhält das Pfirsichkompott verfeinert mit Lavendelblüten. Doch die Pfirsiche schmecken nicht nur hervorragend zu Süßspeisen, du kannst sie auch zu einem pikanten Chutney mit Tomaten verarbeiten. Hierfür Tomaten mit Zwiebel, Knoblauch, Chili und den Pfirsichen aufkochen und mit Salz, Essig, Pfeffer und Paprikapulver abschmecken.

Rote Grütze mit Erdbeeren und Sauerkirschen

Rote Grütze ist besonders lecker, wenn sie selbst hergestellt wird. Die Auswahl der Früchte kannst du nach deinem persönlichen Geschmack auswählen. Besonders gut eignen sich blaue und rote Beeren, wie Erdbeeren, Himbeeren, Johannisbeeren, Brombeeren, Heidelbeeren und natürlich rote Früchte wie Kirschen.

Benötigte Zutaten

- 400 g Erdbeeren
- 400 g Sauerkirschen
- 300 g Johannisbeeren, rot
- 200 g Himbeeren
- 200 g Heidelbeeren
- 500 ml roter Fruchtsaft
- 600 g Gelierzucker

Benötigtes Material

- 6 Einweck-Gläser
  mit je 200 ml Fassungsvermögen
- Großer Kochtopf
- Schüssel
- Einfülltrichter

Aufwand

1. Die Erdbeeren waschen, die Stiele bzw. Blütenansätze entfernen und halbieren. Die Sauerkirschen waschen und entsteinen. Die Himbeeren und Heidelbeeren waschen, ggf. halbieren. Die Johannisbeeren von den Rispen trennen.
2. Den Saft mit dem Gelierzucker in einen Kochtopf geben und aufkochen lassen. Alle Früchte dazu geben, unter ständigem Rühren erneut aufkochen lassen und für etwa 2 Minuten sprudelnd kochen.
3. Die Beerenmasse in die vorbereiteten Gläser füllen und sofort verschließen. Im Wasserbad im Backofen oder Kochtopf bei 90°C für 45 Minuten lang einkochen lassen.
4. Rote Grütze abkühlen lassen und kühl und dunkel lagern. Die Früchte sind etwa 6 Monate lang haltbar.

Zutatentipp

Verfeinere die Rote Grütze mit etwas Zimt, Vanillezucker und nach Belieben einem Schuss Cassis-Likör. Rote Grütze schmeckt besonders gut pur zu Vanillesoße und Sahne, du kannst sie aber auch als Füllung für Kuchen und Torten, als Topping für Eisbecher oder gemischt mit Sojadrink als fruchtigen Beeren-Smoothie genießen.

4.

Marmelade & Konfitüre

Konfitüren und Marmeladen haltbar zu machen, ist leichter als gedacht. Mit der Konservierungsmethode »Heißeinfüllen« mit frischen Früchten und Gelierzucker kannst du in kurzer Zeit und mit nur wenig Aufwand fruchtig-süße Marmelade und Konfitüren zubereiten und aufbewahren oder verschenken.

Bei in Zucker eingekochten Früchten spricht man von Fruchtaufstrich: Dazu zählen Marmeladen, Konfitüren und Gelee. Doch kennst du eigentlich die Unterschiede der drei Fruchtaufstriche?

◊ Für die Zubereitung von Konfitüre werden ganze Früchte, Fruchtmark oder Fruchtpulpen verwendet. Konfitüren und Marmeladen gelten als schmackhafter Brotaufstrich und sind ein wichtiger Bestandteil zahlreicher Mehl- und Süßspeisen.

◊ Marmelade bezeichnet genau genommen Fruchtaufstrich und Konfitüre, für die neben Zucker und Wasser ausschließlich Zitrusfrüchte verarbeitet werden.

◊ Gelee wird hingegen aus dem Saft der Früchte und Zucker hergestellt. Gelee erhält also im Gegensatz zu Konfitüren und Marmeladen weder Kerne noch Obststücke.

Konfitüre oder Marmelade einkochen

Bei selbstgemachter Marmelade und Konfitüre kannst du nach Herzenslust deine Lieblingsfrüchte kombinieren und die Fruchtaufstriche verfeinern. Der Saft von frisch gepressten Zitrusfrüchten sorgt zusätzlich für einen erfrischenden und qualitativ hochwertigen Geschmack des Fruchtaufstrichs. Frische Kräuter wie Rosmarin, Minze oder Thymian und feine Gewürze wie Ingwer, Vanille, Zimt, Rosenblüten oder Nelken verleihen Marmeladen und Konfitüren eine besondere Note. Liköre, Rum oder Weinbrände runden den Geschmack der Fruchtaufstriche ab und sorgen für ein besonders intensives Aroma. Auch Schokoladen- oder Kokosraspeln, Nüsse oder Espresso eignen sich als besondere Zutat für Fruchtaufstriche. Der Fantasie sind also kaum Grenzen gesetzt.

Benötigte Zutaten

Aromatische, reife Früchte
Zitronensaft
ggf. Zitronensäure
ggf. Wasser oder Fruchtsaft
Aromen, Kräuter, Sirup, Spiritus, Nüsse nach Rezept oder Belieben
Gelierzucker

Benötigtes Material

großer Kochtopf
Einweck-Gläser
Einfülltrichter
ggf. Pürierstab
ggf. Passiersieb
ggf. Messer oder Entkerner
ggf. Gemüseschäler oder Schälmesser

Aufwand

1. Die Früchte gut waschen, trocknen, ggf. entkernen und halbieren oder im Ganzen verarbeiten.

2. Früchte mit dem Zucker und Zitronensaft laut Rezept in einen großen Topf geben und unter ständigem Rühren bei großer Hitze aufkochen lassen. Für 3 bis 5 Minuten (je nach Rezept) sprudelnd und offen kochen lassen und dabei ständig umrühren.

3. Gelierprobe machen. Hierfür etwas Marmelade oder Konfitüre auf einen in der Eistruhe gekühlten Teller geben. Wenn die Masse fest wird, hat der Fruchtaufstrich den Test bestanden. Wenn nicht, dann die Masse noch 1 bis 2 weitere Minuten kochen lassen. Gegebenenfalls mit etwas Zitronensäure nachhelfen und die Gelierprobe wiederholen.

4. Die heiße Masse sofort in die vorbereiteten Gläser randvoll füllen und fest verschließen. Die Gläser für fünf Minuten auf den Kopf stellen und langsam abkühlen lassen. Anschließend an einem kühlen und dunklen Ort lagern.

Zutatentipp

Der Kochtopf sollte nur bis zur Hälfte mit Früchten gefüllt sein, sonst könnte die Konfitüre oder Marmelade überkochen. Bei weichen Früchten wie Beeren ist die Kochzeit in der Regel geringer als bei harten Früchten. Die genaue Kochzeit am besten mit einer Uhr stoppen.

Fruchtige Hagebutte mit Apfel

Die Hagebutte gilt als regionales Superfood. Die roten Früchte sind in der kalten Jahreszeit schwer zu übersehen und zudem besonders vitaminreich. Übrigens solltest du die Hagebuttenkerne nicht wegwerfen, denn diese lassen sich zu einem gesunden Tee verarbeiten.

Benötigte Zutaten

Etwa 1,2 kg Hagebutten
4 Äpfel
1 Bio-Zitrone
250 ml Orangensaft
(alternativ anderen Fruchtsaft)
750 g Gelierzucker

Benötigtes Material

Kochtopf
6 Einweck-Gläser
mit je 200 ml Fassungsvermögen
Einfülltrichter
Pürierstab
Passiersieb
ggf. Messer

Aufwand

1. Die Hagebutten waschen, putzen, einzeln entkernen und auf ein Kilogramm abwiegen. Alternativ die Hagebutten in einen Topf geben und knapp mit Wasser auffüllen. Die Früchte für 15 Minuten kochen lassen, pürieren und anschließend durch das Passiersieb streichen.
2. Die Äpfel schälen, entkernen und in feine Würfel schneiden.
3. Das Fruchtfleisch der Hagebutten, die Apfelwürfel, den Zitronensaft und den Orangensaft in einen Topf geben und die Mischung zum Kochen bringen.
4. Die Fruchtmasse dann mit einem Pürierstab pürieren, dabei dürfen Stücken bleiben. Den Gelierzucker hinzugeben und die Masse weitere 5 Minuten unter ständigem Rühren kochen lassen.
5. Die heiße Fruchtmasse in die vorbereiteten Gläser füllen und verschließen. Für wenige Minuten auf den Kopf stellen. Anschließend wieder umdrehen, kühl und dunkel lagern. Die Marmelade ist mehrere Monate lang haltbar.

Zutatentipp

Mit Hagebuttenmarmelade lässt sich eine hervorragende Bratensoße zu Wildgerichten herstellen. Hierfür 300 ml Wildfond in eine Pfanne geben, 150 ml Rotwein und ein paar Wacholderbeeren dazugeben und einkochen lassen. Durch ein Sieb geben, 4 EL der Hagebuttenmarmelade dazugeben, mit Speisestärke binden, anschließend einen Becher saure Sahne dazugeben und mit Pfeffer und Salz abschmecken. Fertig ist die feine Bratensoße.

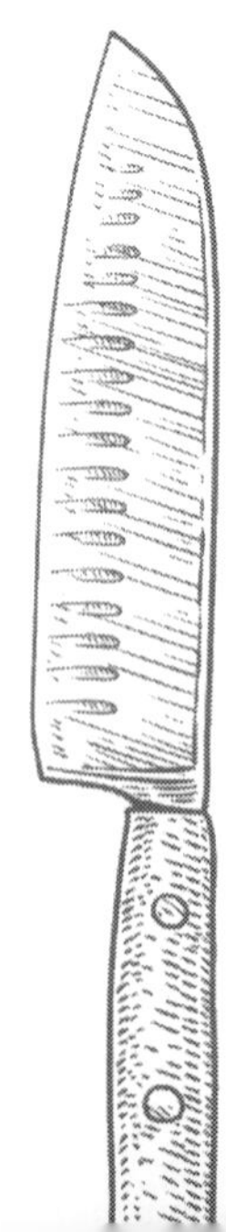

Feine Erdbeeren
mit weißer Schokolade & Holunderblüten

Beim Einkochen und Heißeinfüllen von Marmelade und Konfitüre darf eine fruchtige Erdbeerkonfitüre natürlich nicht fehlen. Verfeinert mit Holunderblüten und weißer Schokolade ist diese Konfitüre ein schönes Geschenk für die Liebsten. Die feine Erdbeermarmelade schmeckt im Joghurt, auf dem Brot, sowie als Topping oder Füllung in Muffins und Kuchen. Alternativ zu weißer Schokolade eignet sich auch Zartbitterschokolade oder Schokoladenkuvertüre.

Benötigte Zutaten

1,2 kg Erdbeeren
1 Bio-Zitrone
80 g Schokolade, weiß
1000 g Gelierzucker 1:1
1 Handvoll Holunderblüten

Benötigtes Material

Kochtopf
6 Einweck-Gläser
mit je 200 ml Fassungsvermögen
Einfülltrichter
Reibe

Aufwand

1. Die Erdbeeren gut waschen, putzen, in feine Stücke schneiden und auf ein Kilogramm abwiegen. Die weiße Schokolade fein hacken. Die Zitrone auspressen.
2. Die Erdbeeren in einen großen Kochtopf geben, Gelierzucker und Zitronensaft hinzugeben und die Früchte unter ständigem Rühren 3 Minuten lang kochen lassen.
3. Die Holunderblüten unterrühren, den Schaum der heißen Masse abschöpfen, Gelierprobe machen, die heiße Konfitüre sofort in die vorbereiten Gläser füllen und verschließen. Die Gläser für 5 Minuten auf den Kopf stellen, Konfitüre abkühlen lassen und lichtgeschützt lagern. Die Erdbeer-Konfitüre hält sich mindestens 6 Monate lang.

Zutatentipp

Übrigens gibt es speziell für die Zubereitung von Erdbeerkonfitüre Gelierzucker. Dieser ist optimal auf die Verarbeitung der roten Früchte zu Konfitüre abgestimmt. So erhält die Furchtkonfitüre die ideale Fruchtigkeit und Konsistenz. Verfeinere die leckere Fruchtkonfitüre nach Belieben mit einem Schuss Rum und etwas Vanillemark.

Süß-saure Aprikose-Mango-Konfitüre mit Limette

Aprikosenkonfitüre ist ein absoluter Klassiker unter den selbstgemachten Marmeladen und Konfitüren. Gib Mango und Limettensaft hinzu und du erhältst einen erfrischenden süß-säuerlichen Fruchtaufstrich. Die Konfitüre schmeckt hervorragend auf frischem Brot und zu Süßspeisen.

Benötigte Zutaten

- 1,3 kg Aprikosen
- 700 g Mango
- 5 - 6 Bio-Limetten
- 7 Stiele Zitronenmelisse
- 1000 g Gelierzucker 1:2

Benötigtes Material

- Kochtopf
- 6 Einweck-Gläser mit je 200 ml Fassungsvermögen
- Einfülltrichter
- Pürierstab
- Gemüseschäler/Schälmesser

Aufwand

1. Aprikosen und Mango schälen, entsteinen und in Würfel schneiden. Limetten waschen und die Schale fein abreiben. Die Limetten dann auspressen und den Saft auffangen. Die Blätter der Zitronenmelisse abzupfen, abspülen und trocknen.

2. Die Fruchtwürfel in einen großen Topf geben, Limettensaft, Gelierzucker, Zitronenmelisse und Limettenabrieb dazugeben und für 25 Minuten ziehen lassen.

3. Die Masse dann erwärmen, pürieren und für 6 bis 8 Minuten lang kochen lassen. Sofort in die Gläser geben und verschließen. Kühl und dunkel lagern.

Zutatentipp

Achte darauf, ausschließlich reife Früchte zu verwenden. Nur so wird der Fruchtaufstrich besonders aromatisch. Füge etwas Chili hinzu und die Konfitüre erhält eine süßlich-scharfe Note. Besonders schmackhaft ist es, die Konfitüre vor dem Verschließen der Gläser mit ein paar angerösteten Kokosraspeln zu bestreuen.

Exotische Kiwi-Papaya-Konfitüre

Kiwis gehören hierzulande zu den beliebtesten Früchten. Das süße, grüne Obst steckt voller Vitamine und lässt sich zu einer schmackhaften Konfitüre verarbeiten. Gib ein paar Stücke Papaya für einen besonders exotischen Fruchtaufstrich dazu. Die fruchtig-frische Konfitüre schmeckt ebenso perfekt zu Desserts.

Benötigte Zutaten

1 kg Kiwis
500 g Papaya
1 Bio-Zitrone
500 g Zucker

Benötigtes Material

Kochtopf
6 Einweck-Gläser
mit je 200 ml Fassungsvermögen
Einfülltrichter
Pürierstab
Teelöffel
Gemüseschäler oder Schälmesser
ggf. Passiersieb

Aufwand

1. Die Kiwis schälen und klein schneiden. Die Papaya schälen, halbieren und die Kerne mit einem Löffel entfernen, das Fruchtfleisch herauslösen und in Würfel schneiden. Die Zitrone auspressen.

2. Die Kiwistücke und Papaya mit dem Pürierstab pürieren, das Mus mit dem Zitronensaft und dem Zucker in einen großen Kochtopf geben und für 4 bis 5 Minuten sprudelnd kochen lassen.

3. Gelierprobe machen: Wenn die Marmelade fest wird, die noch heiße Masse in die vorbereiten Gläser füllen und verschließen. Die Gläser kühl und lichtgeschützt lagern. Die Marmelade ist etwa 12 Monate lang haltbar.

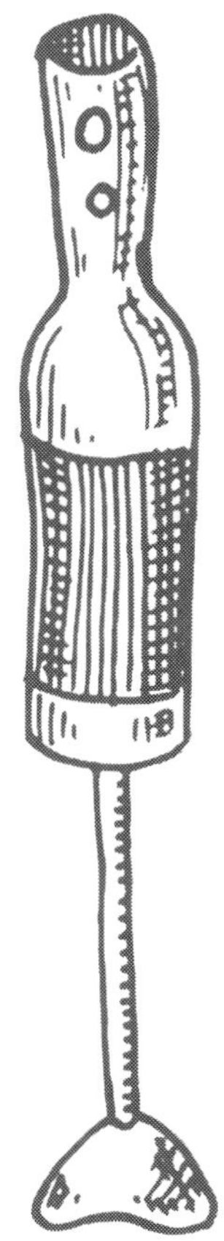

Fruchtige Rhabarber-Orangen-Konfitüre

Von April bis Juni ist Rhabarbersaison. Eingekocht als Marmelade kannst du die leckere Frucht das ganze Jahr lang genießen. Gib ein paar Orangen hinzu für ein erfrischendes Aroma. Besonders raffiniert schmeckt der Fruchtaufstrich mit einem Schuss Likör oder Schnaps. Anstatt des Orangenlikörs eignet sich auch Zitronenlikör oder Obstler. Die fertige Konfitüre schmeckt auch als Tortenfüllung oder im Joghurt.

Benötigte Zutaten

750 g Rhabarber
2 – 3 Bio-Orangen
500 g Gelierzucker
Orangenlikör

Benötigtes Material

Kochtopf
6 Einweck-Gläser
mit je 200 ml Fassungsvermögen
Einfülltrichter
Pürierstab
Löffel
Gemüseschäler/ Schälmesser

Aufwand

1. Rhabarber putzen, abwaschen und in 3 bis 4 cm lange Stücke schneiden. Die Orangen warm abspülen, trocken tupfen und sehr dünn abschälen.
2. Die Orangenschale in dünne Streifen schneiden und den Orangensaft auspressen.
3. 700 g Rhabarber abwiegen, mit 150 ml Orangensaft, Orangenschale und Gelierzucker in großen Topf geben.
4. Gelierprobe machen, indem du etwas Konfitüre auf einen kaltem Teller gibst. Wenn die Masse geliert, einen Schuss Orangenlikör hinzugeben und umrühren.
5. Die Konfitüre sofort in die vorbereiten Gläser füllen, fest verschließen, für fünf Minuten auf den Kopf stellen und abkühlen lassen. Kühl und dunkel lagern.

Zutatentipp

Kombiniere die Konfitüre mit etwas Mango und Ingwer oder Tomaten und Balsamico und du erhältst ein feines pikantes Chutney. Wenn du keinen Schnaps magst, kannst du die Konfitüre auch hervorragend mit Kokos und Zimt aromatisieren.

Weiße Johannisbeer-Konfitüre mit Minze

Weiße Johannisbeeren sind in der Regel etwas milder als rote und schwarze Johannisbeeren. Verfeinert mit etwas frischer, marokkanischer Minze oder Apfelminze ist der Fruchtaufstrich ein Highlight auf jedem Frühstückstisch.

Benötigte Zutaten

1 kg Johannisbeeren, weiße
1 Zitrone
500 Gelierzucker
10 Blätter Minze
ggf. etwas Fruchtsaft

Benötigtes Material

Kochtopf
5 Einweck-Gläser
mit je 200 ml Fassungsvermögen
Einfülltrichter
Sieb, fein
Pürierstab
Löffel
Gemüseschäler/Schälmesser

Aufwand

1. Die Johannisbeeren waschen und in einen Topf geben. Eine Tasse Wasser hinzugeben und die Beeren aufkochen lassen. Die Johannisbeeren 3-5 Minuten köcheln lassen, bis die Früchte aufplatzen. Die Minzblätter waschen, trocken tupfen und fein hacken. Die Zitrone auspressen.
2. Die Beeren durch ein feines Sieb in einen anderen Topf streichen. Den Gelierzucker dazugeben, mit dem Zitronensaft mischen und die Masse aufkochen lassen. Auf kleiner Stufe 7 Minuten köcheln lassen.
3. Die gehackten Minzblätter dazugeben und zwei weitere Minuten köcheln lassen. Die noch heiße Konfitüre sofort in die vorbereiten Gläser füllen, fest verschließen, für fünf Minuten auf den Kopf stellen und abkühlen lassen. Kühl und dunkel lagern.

Zutatentipp

Bereite dir eine leckeres Obstsalatdressing, vermenge einfach etwas Johannisbeer-Konfitüre mit Wasser oder Fruchtsaft bis die gewünschte Konsistenz erreicht ist und gebe das Dressing über deinen Salat.

Brombeer-Heidelbeer-Konfitüre mit Rosenblüten

Beerenkonfitüre gilt hierzulande wohl als eine der beliebtesten Fruchtaufstriche, zu selbstgebackenen Brot ist diese feine Beerenmarmelade auch im Winter zu Croissants und Brötchen ein Hochgenuss. Sie eignet sich außerdem perfekt für die Füllung in Torten und für Weihnachtsplätzchen.

Benötigte Zutaten

800 kg Brombeeren
700 g Heidelbeeren
1 Bio-Zitrone
500 g Gelierzucker 3:1
1 Vanilleschote
30 g Rosenblüten
ggf. etwas Beerenlikör

Benötigtes Material

Kochtopf
6 Einweck-Gläser
mit je 200 ml Fassungsvermögen
Einfülltrichter
Pürierstab
Gemüseschäler oder Schälmesser

Aufwand

1. Die Brombeeren und Heidelbeeren und waschen und abtropfen lassen. Die Zitrone auspressen. Die Beeren zusammen mit dem Zucker und dem Zitronensaft in einen großen Kochtopf geben.

2. Das Mark der Vanilleschote herauslösen und zu den anderen Zutaten im Kochtopf geben. Die Beerenmischung mit einem Pürierstab fein pürieren. Die Masse nun aufkochen und für 4 Minuten sprudelnd kochen lassen.

3. Anschließend eine Gelierprobe durchführen, die Rosenblüten einrühren, erneut kurz aufkochen lassen und die noch heiße Konfitüre sofort in die vorbereiten Gläser füllen. Die Konfitüre kühl und dunkel lagern. Sie hält sich etwa 12 Monate lang.

Zutatentipp

Du magst es noch fruchtiger und beeriger? Dann verarbeite je 300 g Brombeeren, Heidelbeeren, Himbeeren, Erdbeeren und Preiselbeeren mit dem Gelierzucker zu einer feinen Konfitüre.

Bratapfel-Konfitüre mit weihnachtlichen Gewürzen

Diese weihnachtliche Konfitüre eignet sich perfekt für die Winterzeit und kühle Herbsttage. Besonders schön sind die mit der Bratapfel-Konfitüre gefüllten Gläser auch zum Verschenken. Der feine Fruchtaufstrich schmeckt perfekt zu frischen Croissant oder Waffeln, aber auch zu Naturjoghurt.

Benötigte Zutaten

1,5 kg Äpfel, säuerlich
1 Bio-Zitrone
75 g Mandeln
250 ml Apfelsaft
500 g Gelierzucker 2:1
100 g Rosinen
1 Vanilleschote
3 Zimtstangen
3 Sternanis
Rum

Benötigtes Material

Kochtopf
6 Einweck-Gläser
mit je 200 ml Fassungsvermögen
Einfülltrichter
ggf. Pürierstab
Gemüseschäler oder Schälmesser

Aufwand

1. Die Rosinen über Nacht abgedeckt in Rum legen.
2. Die Äpfel schälen, halbieren, vierteln und die Kerne entfernen. Die Früchte in feine Würfel schneiden. Die Apfelwürfel in einen großen Kochtopf geben. Die Zitrone auspressen. Die Mandeln und die Hälfte des Zitronensaftes zu den Früchten geben. Die Apfelwürfel im Backofen bei 200 °C für 25 Minuten backen lassen.
3. Mark der Vanilleschote herauslösen. Die warme Apfelmasse mit dem restlichen Zitronensaft, Fruchtsaft, Gelierzucker, Vanillemark, Sternanis und den Zimtstangen aufkochen lassen.
4. Die Rosinen abtropfen lassen und zu den restlichen Zutaten geben. Die Mischung 5 Minuten lang sprudelnd kochen. Zimtstangen und Sternanis entfernen.
5. Gegebenenfalls die Apfelmasse pürieren, sofern die Äpfel nicht von selbst zerfallen. Die heiße Masse in vorbereiteten Gläser füllen. Gläser sofort auf den Kopf stellen und für 5 Minuten kopfüber auskühlen lassen. Kühl und dunkel lagern.

Zutatentipp

Gib einen Schuss Bittermandelöl dazu, besonders lecker schmeckt die Konfitüre außerdem verfeinert mit etwas Marzipan.

Feine Feigen-Cranberry-Konfitüre mit Zimt

Feigen schmecken nicht nur saftig-aromatisch, sie liefern auch jede Menge Nährstoffe, bis vor 15 Jahren gab es sie hierzulande kaum, inzwischen ist die milde Frucht bei vielen Obst- und Gemüsehändlern erhältlich. Zusammen mit Cranberrys lässt sich eine fruchtige Superfood-Konfitüre herstellen. Verfeinere den Fruchtaufstrich mit Zimtstangen, Honig und ein paar Pfefferkörnen und etwas Kardamom dazu und genieße die Konfitüre auf frischem Brot.

Benötigte Zutaten

650 g Cranberrys
350 g Feigen
Honig
2 Zimtstangen
Kardamom nach Belieben
Pfeffer nach Belieben

Benötigtes Material

Kochtopf
5 Einweck-Gläser
mit je 200 ml Fassungsvermögen
Einfülltrichter

Aufwand

1. Die Cranberrys waschen und gut abtropfen lassen. Stiele und Haut der Feigen entfernen und die Früchte klein schneiden.
2. Etwas Honig, die Zimtstangen und ein wenig Wasser dazugeben und aufkochen lassen. Bei mittlerer Hitze für 5 Minuten kochen lassen.
3. Zimtstangen entfernen und nach Belieben vier bis fünf Pfefferkörner oder etwas Kardamom dazugeben. Gelierprobe machen und die Konfitüre noch heiß in die vorbereiteten Gläser füllen. Kühl und dunkel lagern.

Zutatentipp

Zu Bratengerichten schmeckt eine feine Feigen-Cranberry-Soße, vermenge die Konfitüre mit etwas Wasser und Portwein dazu bis die gewünschte Konsistenz entsteht und genieße die Soße zu Rinderbraten.

Scharf-süße Ingwer-Zitrone-Marmelade

Zitronen sind reich an Pektin und gelieren in der Marmelade ganz ohne Gelierzucker. Da du in diesem Rezept auch die Schale verarbeitest sollten die Zitrusfrüchte aus biologischem Anbau stammen. Die fruchtige Marmelade schmeckt besonders gut zu frischem Baguette und zu Käsegerichten, aber auch zu Muscheln und Grillgut. Auch zu Eisspeisen ist die Marmelade ein absoluter Genuss.

Benötigte Zutaten

5 Bio-Zitronen
40 g Ingwer
500 g Rohrohrzucker

Benötigtes Material

Kochtopf
5 Einweck-Gläser
mit je 200 ml Fassungsvermögen
Einfülltrichter
Zitronenpresse
Schälmesser
Reibe

Aufwand

1. Die Zitronen heiß abwaschen und von der Schale etwa 4 Esslöffel fein abreiben, die Kerne der Zitronen entfernen und das Fruchtfleisch in feine Würfel schneiden. Den Ingwer schälen fein hobeln.
2. Ingwer, Zitronenschale und die Zitronenwürfel in einen großen Topf geben, Gelierzucker hinzufügen und die Masse aufkochen lassen. Unter Rühren die Marmelade für 4 Minuten lang kochen lassen.
3. Die Masse pürieren, Gelierprobe machen und sofort in die vorbereiten Gläser füllen, fest verschließen, abkühlen lassen und kühl und dunkel lagern.

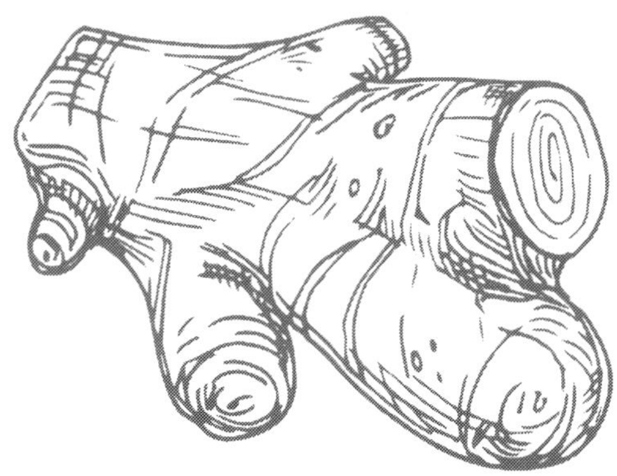

Zutatentipp

Gib ein paar Mandarinenstücke hinzu und püriere sie mit den restlichen Zutaten, die Marmelade erhält dadurch eine mildere, aber dennoch fruchtig-süße Note.

Herb-süße Mirabellen-Konfitüre mit Rosmarin

Mirabellen sind auch als gelbe Zwetschgen bekannt, die kleinen gelben Pflaumen schmecken je nach Sorte süß bis süß-säuerlich. Der leicht herbe Rosmarin-Geschmack schmeckt rundet die Konfitüre besonders gut ab. Die feine Konfitüre schmeckt sehr gut zu Käsegerichten und auf frischem Brot.

Benötigte Zutaten

1,5 kg Mirabellen
1 Bio-Zitrone
100 ml Apfelsaft
1000 g Gelierzucker 1:2
3 Zweige Rosmarin

Benötigtes Material

Kochtopf
7 Einweck-Gläser
mit je 200 ml Fassungsvermögen
Einfülltrichter
ggf. Pürierstab
Schälmesser

Aufwand

1. Die Mirabellen gut waschen, halbieren und entkernen. Die gelben Früchte in einen großen Topf geben, den Gelierzucker dazugeben und die Mischung eine Stunde lang ziehen lassen, damit der Saft austreten kann.
2. Die Zitrone auspressen und den Apfelsaft sowie den Zitronensaft zu den Mirabellen geben, die Mischung aufkochen lassen und dabei umrühren. Nun die Rosmarinzweige dazugeben und die Mischung 4 Minuten sprudelnd kochen lassen.
3. Den Rosmarin entfernen und die Masse fein pürieren, wenn keine Fruchtstücke erwünscht sind.
4. Gelierprobe machen und die Konfitüre dann randvoll in die vorbereiteten Gläser geben. Sofort verschließen für 5 Minuten auf den Kopf stellen und abkühlen lassen. Anschließend kühl und dunkel lagern.

Zutatentipp

Mit Vanillepudding, Milch und etwas Zitronenabrieb kannst du aus der Mirabellen-Konfitüre eine erfrischende, kalte Suppe kreieren und deine Gäste überraschen.

Tropische Fruchtkonfitüre mit Marille und Ananas

Marillen dürfen gerade in der österreichischen Küche im Sommer auf keinen Fall fehlen, ob Marillenknödel, -schnaps oder -kuchen, die gesunde Frucht kommt bei zahlreichen Süßspeisen zum Einsatz. Im Winter ist sie beliebt im Gelee oder Konfitüren. Mit Ananas und Limette erhält dein Fruchtaufstrich eine süß-tropische Note.

Benötigte Zutaten

1 kg Marillen
1 kleine Ananas (500 g)
1-2 Bio-Limetten
1000 g Gelierzucker 2:1

Benötigtes Material

Kochtopf
7 Einweck-Gläser
mit je 200 ml Fassungsvermögen
Einfülltrichter
Reibe

Aufwand

1. Die Marillen waschen, halbieren und entkernen. Das Fruchtfleisch in feine Stücke schneiden. Blütenansatz und Strunk der Ananas und die Schale der Frucht entfernen. Die Ananas auf 500 g abwiegen in Würfel schneiden.
2. Die Früchte mit dem Gelierzucker vermischen und für 2 Stunden ziehen lassen.
3. Die Schale der Limetten fein abreiben und den Saft der Zitrusfrüchte auspressen. Limettenschale und -saft zu den Marillen und Ananasstücken geben. Die Früchte in einem großen Topf aufkochen lassen und für 4 Minuten sprudelnd kochen, ggf. noch etwas Zitronensaft hinzugeben.
4. Gelierprobe machen und die noch heiße Mischung in die vorbereiteten Gläser füllen. Gläser für Minuten auf den Kopf stellen abkühlen lassen und kühl und dunkel lagern.

Zutatentipp

Die Konfitüre schmeckt auch im Kuchen besonders gut. Rühre 190 g warme Butter mit 150 g Zucker und einem Päckchen Vanillezucker schaumig. Gib drei Eier dazu, 375 g Mehl und zwei Teelöffel Backpulver und verrühre alles gut miteinander. Die Hälfte der Mischung in eine gefettete Kuchenform geben, darüber 200 g der Marillen-Konfitüre und den Rest der Kuchenmischung, mit einer Gabel den Teig durchziehen und den Marillenkonfitüre-Kuchen etwa 55 Minuten bei 175 ° Grad backen.

Herzhafte Birnen-Kürbis-Konfitüre

Eine herzhafte und etwas außergewöhnliche Variante für Konfitüre ist Birne in Kombination mit Kürbis. Der herbstlich-süße Fruchtaufstrich schmeckt wunderbar zu Croissants, frischem Brot aber auch zu Joghurt oder Palatschinken und sogar zu Fisch und Fleisch.

Benötigte Zutaten

1 kg Birnen
1 kleiner Hokkaido-Kürbis (500 g)
1 Bio-Zitrone
1 Vanilleschote
1000 g Gelierzucker 2:1

Benötigtes Material

Kochtopf
3 Einweck-Gläser
mit je 500 ml Fassungsvermögen oder mehrere kleine Gläser
Einfülltrichter
ggf. Schälmesser

Aufwand

1. Die Birnen schälen, die Kerne herauslösen und das Fruchtfleisch in Würfel schneiden. Den Kürbis ggf. schälen, halbieren, Kerne entfernen und das Fruchtfleisch herauslösen. Zitrone auspressen und Saft auffangen. Vanillemark aus der Schote lösen.
2. 500 g des Hokkaido-Kürbisses abwiegen und in kleine Stücke schneiden. Die Kürbisstücke mit den Birnenstücken, dem Zucker, dem Mark der Vanilleschote und dem Zitronensaft in einen großen Topf geben und zum Kochen bringen. Dabei umrühren. Die Mischung nun 4 Minuten lang sprudelnd kochen und anschließend fein pürieren.
3. Gelierprobe machen und die noch heiße Masse sofort in die vorbereiteten Gläser füllen. Gläser für 5 Minuten lang auf den Kopf stellen, abkühlen lassen und kühl und dunkel lagern.

Zutatentipp

Serviere die Konfitüre zu einer feinen Käseplatte mit deinem Lieblingskäse, gut geeignet sind diverse Schnittkäse-, Hartkäse-, Blauschimmel- und Weichkäsesorten. Garniere die feine Platte mit Walnüssen, Nussbrot und kernlosen Weintrauben. Auch Oliven passen gut dazu, ebenso wie feiner Senf, probiere doch einmal den selbstgemachten Mango-Chili-Senf im letzten Kapitel.

Karibisches Karotten-Ingwer-Chutney mit Kokos

Chutneys stammen ursprünglich aus Indien, dort gibt es die würzigen Soßen mit frischen Zutaten fast zu jeder Mahlzeit. Inzwischen erfreuen sich die »herzhaften Marmeladen« auf der ganzen Welt wachsender Beliebtheit. Manchmal hört man sogar, dass Chutneys die besseren Marmeladen sein, denn die Soßen sind besonders vielfältig und ob mit süß-saurer, pikant-würziger, scharfer oder milder Note immer ein Geschmackserlebnis. Dieses leckere Chutney schmeckt zu Fisch, aber auch zu Hühnchen oder Käsegerichten.

Benötigte Zutaten

500 g Karotten
40 g Ingwer
1 Chilischote
1 Zwiebel
2 Knoblauchzehen
100 g Kokosnuss, geraspelt
75 ml Apfelessig
200 g Zucker, braun
Salz

Benötigtes Material

Kochtopf
Pfanne
4 Einweck-Gläser
mit je 200 ml Fassungsvermögen
Einfülltrichter
ggf. Schälmesser
Küchenmaschine

Aufwand

1. Die Karotten schälen und am besten mit einer Küchenmaschine klein raspeln. Knoblauch, Zwiebel und Ingwer schälen und fein hacken. Die Chilischote entkernen und fein hacken.
2. Die Karottenstücke mit einer Prise Salz, Zwiebel, Ingwer, Chili und Apfelessig in einen Topf geben, mischen und für zwei Stunden lang ziehen lassen.
3. Die Karotten dann mit dem Knoblauch in eine Pfanne geben, aufkochen lassen und alles 10 Minuten köcheln lassen.
4. Den Zucker und die geraspelten Kokosnusstücke dazugeben und die Masse für weitere 45 Minuten einkochen lassen.
5. Das fertige Chutney in die vorbereiteten Gläser füllen und mindestens vier Wochen lang ziehen lassen, damit sich das Aroma voll entfalten kann.

Zutatentipp

Dieses Chutney ist eine feine Beilage zu Fischgerichten zum Beispiel Lachs. Hierfür Lachsfilets waschen und trocknen. Mit ein paar gemahlenen Fenchelkörnern, Pfeffer und Koriander einreiben und die Marinade einziehen lassen. Anschließend die Filets mit etwas Öl von jeder Seite etwa 2 Minuten lang anbraten und mit dem Chutney servieren.

Blutorangenmarmelade mit Lavendel

Gekaufte Orangenmarmelade ist kein Vergleich zu dieser erfrischenden, selbstgemachten Marmelade. Das Filetieren der Orangen ist zwar etwas aufwendig, doch die Mühe lohnt sich, denn sowohl die Farbe als auch das Aroma der Marmelade sind besonders intensiv. Verfeinert mit Lavendelblüten sorgt zusätzlich für ein außergewöhnliches Aroma.

Benötigte Zutaten

- 18 Blutorangen (1,5 kg)
- 700 g Gelierzucker 2:1
- 3 EL frische Lavendelblüten
- 1 Bio-Zitrone
- 1 Bio-Orange

Benötigtes Material

- Kochtopf
- 3 Einweck-Gläser mit je 500 ml Fassungsvermögen oder mehrere, kleine Gläser
- Einfülltrichter
- Sparschäler

Aufwand

1. Die Orangen schälen und die weiße Haut sowie die Kerne entfernen. Den austretenden Saft auffangen. Die Orangen in feine Stücke schneiden, dabei die weiße Schale entfernen. Die Schale der Bio-Orange fein abreiben. Bio-Zitrone und Bio-Orange auspressen. Die Lavendelblüten fein hacken.
2. Die Fruchtstücke, Bio-Orangenschale und die Säfte in einen großen Topf geben und mit dem Gelierzucker auf kleiner Flamme zum Kochen bringen.
3. Die Lavendelblüten dazugeben und die Marmelade unter ständigem Rühren für 3-4 Minuten sprudelnd kochen lassen, Schaum abschöpfen.
4. Gelierprobe machen und die heiße Masse in die vorbereiten Gläser füllen. Gläser für 5 Minuten auf den Kopf stellen, auskühlen lassen und kühl und dunkel lagern.

Zutatentipp

Mit dem Saft und dem Fruchtfleisch sollte sich ein Gewicht von 1 kg ergeben, das sonst das Mengenverhältnis mit dem Gelierzucker nicht mehr übereinstimmt. Wichtig ist zudem, dass möglichst kaum weiße Stellen bleiben, denn sonst wird die Marmelade bitter.

5.

Suppen & Eintöpfe als Meal Prep

Meal Prep ist im Trend, denn Mahlzeiten für die Mittagspause auf Arbeit vorzukochen spart Zeit und Geld. Außerdem lassen sich die mitgebrachten Speisen gesünder, bewusster und umweltfreundlicher gestalten als das übliche Kantinenessen. Die ursprüngliche Idee des Meal Preps war, Speisen gleich für mehrere Tage vorzukochen, wenn man am Wochenende sowieso gerade beim Kochen ist. Wichtig hierbei ist, dass das vorbereitete Essen zunächst vollständig abkühlt, bevor es kühl gestellt wird. Zu Abfüllung eignen sich Meal-Prep-Boxen oder Dosen, diese werden luftdicht verschlossen und im Kühlschrank aufbewahrt, schon ist die tägliche Mittagsmahlzeit für die Woche gesichert.

Bei der Vorbereitung solltest du jedoch einige grundlegende Dinge beachten. Die meisten Meal-Prep-Gerichte mit frischen Zutaten halten sich gut gekühlt zwei bis drei Tage lang. Vorbereitete Rohgerichte, frische Salate und Fisch solltest du daher innerhalb von zwei Tagen verspeisen. Lebensmittel, die verarbeitet werden, gekochte und gebratene Gerichte, halten etwa drei bis fünf Tage lang. Die Lebensmittel einzufrieren verlängert die Haltbarkeit auf zwei bis drei Monate. Speisen, die erst nach drei oder vier Tage gegessen werden, solltest du daher am besten einfrieren.

Cremige Kürbissuppe mit roter Bete

Es gibt eine Menge Möglichkeiten, eine Kürbissuppe schmackhaft zuzubereiten. Hast du schon mal daran gedacht Speisekürbis mit roter Bete zu kombinieren? Nicht nur farblich auch geschmacklich ist die feine Kürbis-Suppe mit roter Bete ein Highlight. Knoblauch, Zwiebel und feine Gewürze runden die Suppe geschmacklich perfekt ab, wer es noch fruchtiger mag, kann zusätzlich einen gewürfelten Apfel dazugeben.

Benötigte Zutaten

500 g Kürbis (z.B. Hokkaido, Butternut)
200 g rote Bete
2 Knoblauchzehen
1 rote Zwiebel
600 ml Gemüsebrühe
Pfeffer, Salz
Muskatnuss
Kürbiskerne

Benötigtes Material

Kochtopf
Pürierstab
Meal-Prep-Boxen oder Gläser
Gemüseschäler

Aufwand

1. Kürbis ggf. schälen, halbieren und die Kerne und Fasern entfernen. Rote Bete schälen. Das Fruchtfleisch des Kürbisses und die rote Bete in Würfel schneiden. Zwiebel und Knoblauch schälen und fein schneiden.
2. Den Knoblauch und Zwiebel in etwas Öl glasig andünsten. Kürbis dazugeben und kurz braten. Mit der Gemüsebrühe ablöschen. Den Kürbis etwa 10 kochen lassen. Die rote Bete dazugeben und die Zutaten weitere 5 bis 10 Minuten köcheln lassen. Das Gemüse jedoch nicht zu weich garen, da es beim Aufwärmen sonst matschig wird.
3. Die Suppe fein pürieren und mit Salz, Pfeffer und Muskatnuss abschmecken. Nach Belieben angedünstete Kürbiskerne dazugeben. Gut durchrühren, die Suppe ganz abkühlen lassen und dann in die Meal-Prep-Boxen oder Gläser geben und im Kühlschrank aufbewahren.

Zutatentipp

Verfeinere die Suppe vor dem Servieren mit einem Esslöffel Schlagsahne und etwas Kürbiskernöl. Wenn du einen Teil der Suppe einkochen möchtest, dann fülle diesen in sterilisierte Einweck-Gläser und koche die Suppe für 120 Minuten im Einkochautomaten ein. Dadurch kannst du die Haltbarkeit der Suppe verlängern.

Würzige Zucchinisuppe mit Curry und Kokos

Zucchinis sind langweilig? Keineswegs, nicht nur überbacken, sondern auch in als Zucchini-Kuchen, -Pizza oder -Suppe ist das Gemüse schmackhaft. Verfeinert mit Kokosmilch und Curry kannst du diesem Meal-Prep-Gericht eine feine indische Note verleihen.

Benötigte Zutaten

500 g Zucchinis
1 kleine Zwiebel
1 Knoblauchzehe
150 ml Kokosmilch
200 ml Gemüsebrühe
Cayennepfeffer
Meersalz
2- 3 TL Curry
Erdnussöl

Benötigtes Material

Kochtopf
Pürierstab
Meal Prep Boxen oder Gläser
Gemüseschäler

Aufwand

1. Die Zucchinis waschen und putzen und grob schneiden. Knoblauch und Zwiebel schälen und in etwas Erdnussöl andünsten. Die Zucchinistücke dazugeben und alles für 4 Minuten anbraten lassen.

2. Das Gemüse mit der Brühe ablöschen, die Kokosmilch hinzugeben und bei kleiner Hitze für 15 bis 20 Minuten köcheln lassen. Die Suppe nun fein pürieren, die Konsistenz sollte dickflüssig sein, ggf. noch etwas Gemüsebrühe hinzugeben.

3. Die Zucchinisuppe mit Salz, Pfeffer und Curry abschmecken. Die Suppe abkühlen lassen, in die Meal-Prep-Boxen füllen und im Kühlschrank bis zum Verzehr aufbewahren.

Zutatentipp

Insbesondere bei eigens gezüchteten Zucchini kann es sein, dass das Gemüse einen bitteren Geschmack aufweist. Dieses Gemüse sollten auf keinen Fall verzehrt werden, denn bittere Zucchini können unangenehme Beschwerden auslösen. Alternativ zu Zucchini schmecken auch Paprika und gelbe Rüben in einer cremigen Curry-Suppe. Verfeinert mit gelber Currypaste und Sojasoße ist das Meal-Prep ein absoluter Hochgenuss.

Fruchtige Lauchsuppe mit Zitrone & frischen Kräutern

Bei Lauchsuppe kommen bei vielen Menschen wahrscheinlich Kindheitserinnerungen an kalte Tage und Winterwanderungen hoch, die mit einer wärmenden Lauchsuppe belohnt wurden. Lauch stärkt die Darmflora und erhellt kalte Herbst- und Wintertage. Diese feine Lauchsuppe mit Zitrone, Schnittlauch und Majoran schmeckt besonders fruchtig, verfeinert mit pikanten Gewürzen ist sie ein leckeres Mahl für die Mittagspause.

Benötigte Zutaten

500 g Lauch
1 Zwiebel
1 Knoblauchzehe
1 Bio-Zitrone
1 Handvoll Schnittlauch
1 Handvoll Majoran
600 ml Gemüsebrühe
150 ml Schlagsahne
50 ml Weißwein, trocken
Pfeffer, Salz
Muskatnuss
Olivenöl

Benötigtes Material

Kochtopf
Pürierstab
Meal-Prep-Boxen oder Gläser
ggf. Knoblauchpresse

Aufwand

1. Lauch waschen, putzen und fein schneiden. Zwiebeln und Knoblauch schälen, Zwiebeln fein würfeln, Knoblauch pressen. Die Kräuter waschen, trocken tupfen und fein hacken. Die Zitrone heiß abwaschen, Schale fein abreiben und den Saft auspressen.

2. Die Zwiebelwürfel und den Lauch kurz in etwas Oilvenöl erhitzen, Knoblauch dazugeben. Majoran und Schnittlauch dazugeben und kurz mitdünsten.

3. Mit Weißwein und Brühe ablöschen, die Suppe aufkochen lassen und dann bei kleiner Hitze mit Deckel 15 bis 20 Minuten köcheln lassen.

4. Die Lauchsuppe pürieren, die Sahne unterrühren und mit Zitronensaft, Zitronenschale, Salz, Muskatnuss und Pfeffer abschmecken. Die abgekühlte Lauchsuppe in die Gläser oder Boxen füllen luftdicht verschließen und im Kühlschrank aufbewahren. Innerhalb weniger Tage verzehren.

Zutatentipp

Wenn du gern eine Fleischeinlage in deiner Suppe magst, dann mische 200 g Rinderhackfleisch mit einem Esslöffel Semmelbrösel und einem Ei und würze die Masse mit Paprika, Salz und Pfeffer. Verknete das Hackfleisch und forme kleine Bällchen, brate sie mit etwas Öl rundherum goldbraun an.

Feine Brokkoli-Suppe mit Kokosmilch und Limette

Diese Suppe eignet sich besonders gut für Veganer und Vegetarier, doch sogar Kinder werden von dieser milden Suppe mit Brokkoli, Kartoffeln und Kokosmilch begeistert sein und vielleicht ist ein toller Pausensnack für die Schule.

Benötigte Zutaten

1 Brokkoli
2 Kartoffeln
1 Zwiebel
1 Bio-Limette
350 ml Kokosmilch
Olivenöl
Salz
Pfeffer, weiß
Chili

Benötigtes Material

Kochtopf
Pürierstab
Meal-Prep-Boxen oder Gläser
Gemüseschäler

Aufwand

1. Brokkoli waschen und in kleine Stücke schneiden. Zwiebel schälen und fein hacken. Kartoffeln schälen und in feine Stücke schneiden. Die Limette heiß abwaschen, Schale fein abreiben und die Zitrusfrucht auspressen
2. Brokkoli und Zwiebel in einem Topf in Olivenöl kurz anbraten. Kartoffelwürfel, Limettensaft und Schale dazugeben und alles auf kleiner Hitze für 15 Minuten lang weichkochen. Die Kokosmilch dazugeben und die Masse pürieren, dann mit Salz, Pfeffer und Chili abschmecken.
3. Die völlig abgekühlte Brokkoli-Suppe in saubere Meal-Prep-Boxen oder Gläser füllen, im Kühlschrank aufbewahren und innerhalb von zwei Tagen verbrauchen.

Zutatentipp

Lege ein paar kleine, gekochte Brokkoli-Röschen beiseite und gib sie zum Schluss in die Boxen oder Gläser. Besonders cremig wird die Suppe übrigens verfeinert mit etwas Frischkäse.

Chinesische Nudelsuppe mit Huhn & Frühlingszwiebeln

Hühnersuppe eignet sich nicht nur um bei Krankheiten wieder zu Kräften zu kommen, sie ist auch eine schmackhafte Speise. Mit asiatischen Mie-Nudeln, frischem Hühnchen und Gemüse und feinen Gewürzen kannst du dir eine sättigende Mittagsmahlzeit zubereiten.

Benötigte Zutaten

150 g Mie-Nudeln
100 g Hühnchen
2 Möhren
1 Gemüsezwiebel
1 Bund Frühlingszwiebeln
1 Stange Sellerie
5 Shiitake-Pilze
Gemüsebrühe
Sojasoße
Sesamöl
Pfeffer, weiß

Benötigtes Material

Kochtopf
Meal-Prep-Boxen oder Gläser
Gemüseschäler

Aufwand

1. Die Nudeln nach Packungsanleitung kochen und abtropfen. Möhren und Sellerie waschen, schälen und fein schneiden. Pilze abwischen, Stiele entfernen, Hüte in Scheiben schneiden.
2. Gemüsezwiebel schälen und fein schneiden, Frühlingszwiebeln schälen und in feine Ringe schneiden, beides in Sesamöl andünsten. Das restliche Gemüse außer die Pilze zugeben und mitdünsten. Mit Gemüsebrühe oder Hühnerbrühe auffüllen.
3. Hühnerfleisch in mundgerechte Stücke schneiden, mit den Pilzen in die Suppe geben und fünf Minuten lang garen.
4. Nun die Nudeln dazugeben und erwärmen. Die Nudelsuppe mit Sojasoße, Sesamöl und Pfeffer abschmecken. Die abegekühlte Suppe in die Meal-Prep-Box füllen und im Kühlschrank aufbewahren.

Zutatentipp

Wenn dir eine vegane Variante lieber ist, dann ersetze das Hühnchen durch Tofu, dieses fein schneiden und in Öl anbraten, gib einen Schuss Reiswein dazu und fertig ist die vegane Asia-Nudelsuppe für die Pause.

Scharfer Bunte-Linseneintopf mit Chili

Die klassische Linseneintopf-Version mit Speck und Würstchen kennt wahrscheinlich jeder, aber nicht unbedingt jeder mag sie. Diese bunte Linseneintopf-Variante mit viel frischem Gemüse und wohltuenden Kräutern und Gewürzen ist besonders gut und sorgt für eine schmackhafte Abwechslung auf den Teller. Karotten, Tomaten, Paprika und Zwiebeln bringen Farbe ins Spiel und mit den Zutaten darfst du nach Belieben ein wenig experimentieren. Rote Linsen stammen aus Indien und lassen sich besonders schnell zubereiten.

Benötigte Zutaten

250 g rote Linsen
1 Paprika
½ Knoblauchzehe
1 kleine Zwiebel
1 Karotte
1 Tomaten
1 Chilischote
400 ml Gemüsebrühe
Erdnussöl
Paprikapulver
Cayennepfeffer
Kurkuma
Mandeldrink

Benötigtes Material

Kochtopf
Meal-Prep-Boxen oder Gläser
Gemüseschäler

Aufwand

1. Das Gemüse zunächst waschen. Die Karotte, den Knoblauch und die Zwiebel schälen und fein schneiden. Strunk der Paprika und Tomate entfernen und das Fruchtfleisch würfeln. Die Chilischote entkernen und in feine Streifen schneiden.

2. Etwas Erdnussöl in einem Topf erhitzen, Zwiebel und Knoblauch kurz andünsten, Chili hinzugeben und ebenso andünsten. Nun die Tomatenwürfel, die Linsen, Karottenscheiben und die Gemüsebrühe hinzugeben.

3. Alles bei mittler Hitze für 15 Minuten köcheln lassen. Mit Pfeffer, Paprikapulver und Kurkuma abschmecken. Am Schluss noch einen Schuss Mandeldrink hinzugeben, gut durchrühren, abkühlen lassen, in die Meal-Prep-Boxen füllen und kühl aufbewahren.

Zutatentipp

Verfeinere den Eintopf mit frischem Feta und Petersilie kurz vor dem Verzehr.

Exotischer Wirsing-Eintopf mit Ananas

Wirsing schmeckt lecker und lässt sich auf viele Arten zubereiten. Der Kohl steckt voller Vitamine und Antioxidantien und bietet Schutz vor Viren und Bakterien. Dieser vegane Wirsing-Eintopf eignet sich besonders gut für kalte Wintertage, er wärmt und stärkt das Immunsystem. Getrocknete Ananasscheiben sorgen für Exotik und einen angenehm milden Geschmack

Benötigte Zutaten

- 1 kleiner Kopf Wirsing
- 2 Kartoffeln
- 1 kleine Zwiebel
- 70 g Bio-Ananas, getrocknet
- 1 TL Tomatenmark
- 1 TL Honig
- 100 ml Gemüsebrühe
- Olivenöl
- Pfeffer, bunt
- Meersalz

Benötigtes Material

- Kochtopf
- Meal-Prep-Boxen oder Gläser
- Gemüseschäler

Aufwand

1. Den Wirsing vom Strunk befreien, die äußeren Blätter entfernen und die restlichen Blätter klein schneiden. Die Blätter waschen und trocken tupfen. Die Kartoffeln und die Zwiebel schälen und in Würfel schneiden.
2. Die Zwiebelwürfel in etwas Öl anbraten, Kartoffel dazugeben und mit etwas Brühe (etwa die Hälfte) ablöschen. Tomatenmark und die Ananasstücke dazugeben und alles für mindestens 20 Minuten abgedeckt bei mittlerer Hitze köcheln lassen.
3. Gelegentlich umrühren und mit Salz, Pfeffer und ggf. mit etwas Honig abschmecken. Den fertigen und abgekühlten Eintopf in die vorbereiteten Meal-Prep-Boxen füllen und kühl lagern.

Zutatentipp

Vor dem Verzehr kannst du den wärmenden Eintopf mit frischer Petersilie und etwas Crème fraîche verfeinern. Frische Wirsingblätter eignen sich zudem perfekt für ein weiteres Meal-Prep-Gericht, einen schmackhaften Salat. Dünste den geschnittenen Kohl mit Zwiebelwürfeln in einem Topf an und gib etwas Salz und Pfeffer und nach Belieben frisches Obst und Gemüse dazu.

Würziger Apfel-Kürbiseintopf mit Zimt

Mit Kürbis lassen sich nicht nur herzhafte Gerichte zubereiten, Speisekürbis gilt auch als eine beliebte und schmackhafte Zutat für zahlreiche Süßspeisen. Dieser Kürbis-Eintopf mit Apfel schmeckt fein säuerlich und feiner Zimt verleiht ihm eine weihnachtliche Note.

Benötigte Zutaten

400 g Kürbis (z.B. Hokkaido)
1 Knoblauchzehe
1 Zwiebel
2 Kartoffeln
2 Äpfel, säuerlich
400 ml Gemüsebrühe
Ceylon-Zimt
Kürbiskernöl
Salz, Pfeffer

Benötigtes Material

Kochtopf
Meal-Prep-Boxen oder Gläser
Gemüseschäler

Aufwand

1. Den Kürbis schälen, putzen und in Würfel schneiden. Zwiebel, Äpfel, Kartoffeln und Knoblauchzehe putzen, schälen und ebenso würfeln.
2. Zwiebel in etwas Öl glasig andünsten und mit Gemüsebrühe ablöschen. Kürbiswürfel, Kartoffeln, Knoblauch und Äpfel nach und nach dazugeben und auf kleiner Flamme etwa 10 Minuten andünsten.
3. Etwas Kürbiskernöl dazugeben und mit Zimt und Salz abschmecken, abkühlen lassen, gut umrühren und in die Meal-Prep-Boxen füllen. Im Kühlschrank aufbewahren.

Zutatentipp

Wer den Eintopf gern pikanter und mit Fleischbeilage mag, kann dazu Schweinegeschnetzeltes anbraten und mit Thymian, Cayennepfeffer und gemahlenem Chili abschmecken.

Exotische Curry-Bananensuppe mit Pinienkernen

Bananen in der Suppe, kann das denn schmecken? Absolut, mit Banane erhält sie Suppe einen fruchtig-süßen Geschmack und jede Menge Nährstoffe.

Benötigte Zutaten

2 Bananen
1 Zwiebel
2 Frühlingszwiebeln
1 Limette
50 g Pinienkerne
150 ml Kokosmilch
200 Gemüsebrühe
Meersalz
Currypulver
Pfeffer, weiß

Benötigtes Material

Kochtopf
Pürierstab
Meal-Prep-Boxen oder Gläser
Gemüseschäler

Aufwand

1. Die Zwiebel schälen und in Würfel schneiden. Frühlingszwiebeln waschen, putzen und in feine Ringe schneiden. Bananen von der Schale befreien und in Scheiben schneiden. Limette auspressen.
2. Zwiebelwürfel in etwas Öl andünsten, Bananenscheiben und Limettensaft dazugeben. Mit Kokosmilch und Gemüsebrühe ablöschen. Suppe zum Kochen bringen und dann die Zutaten pürieren. Die Suppe mit Curry, Salz und Pfeffer abschmecken.
3. Die Pinienkerne kurz in etwas Öl anrösten und in die Suppe geben. Die fertige Suppe abkühlen lassen, in vorbereiteten Meal-Prep-Boxen geben und kühl lagern.

Zutatentipp

Garniert mit Kokosflocken sieht die Suppe besonders hübsch aus.

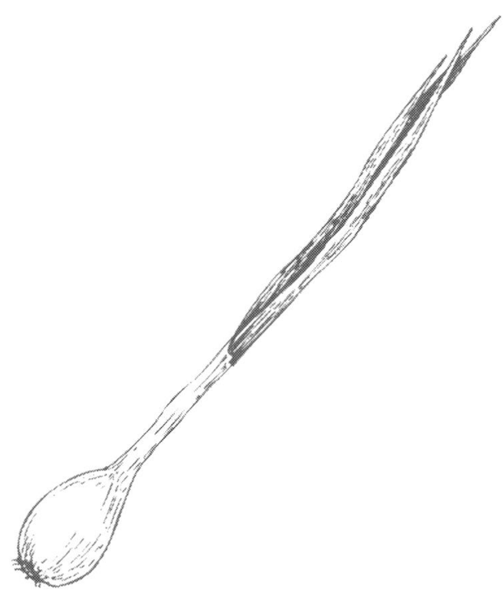

6.

Einlegen in Essig

Eine weitere Möglichkeit, um Lebensmittel zu konservieren, ist das Einlegen. Das Einlegen der Lebensmittel in Essig oder Öl, lässt sie nicht nur länger haltbar werden, das eingelegte Gemüse bekommt zudem einen feinen Geschmack und die meisten wichtigen Nährstoffe bleiben erhalten.

Fast alle festen Gemüsesorten eignen sich zum Einlegen in Essig, zum Beispiel Bohnen, Blumenkohl, Pilze, Knoblauch oder Kürbis. Aber auch Obstsorten wie Äpfel, Pflaumen und Birnen lassen sich gut in Essigsud einlegen und verfeinern. Wichtig ist, dass zum Einlegen hochwertiger Essig genutzt wird, der Mindestgehalt der Säure sollte hierbei bei 5 % liegen. Gut geeignet sind vor allem Rotwein- und Weißweinessig, aber auch Apfelessig, Brandweinessig und Balsamessig (Balsamico). Aromatisierter Essig ist hingegen weniger geeignet zum Einlegen.

Durch das Einlegen in Essigsud wird verhindert, dass sich schädliche Bakterien bilden können und die Lebensmittel verderben. Eingefüllt werden sollten die Lebensmittel wie beim Einkochen in sterilisierte Weck- oder Schraubgläser, dort werden sie mit dem Essigsud bedeckt. Zwei Wochen nach dem Einlegen kann man das Gemüse probieren und vier Wochen nach gekühlter Lagerung, hat sich das Aroma voll entfaltet.

Süß-saure Tomaten in Honig

In Essig eingelegte Tomaten schmecken besonders gut zu Pastagerichten aller Art, zu Naanbrot oder als kalte Vorspeise zu Mozzarella.

Benötigte Zutaten

1 kg Cocktailtomaten
(alternativ Cherrytomaten)
3 Knoblauchzehen
1 Zwiebel, rot
600 ml Apfelessig
400 g Zucker
100 g Rapshonig
Salz
Pfeffer, bunt
Lorbeerblätter

Benötigtes Material

Kochtopf
Gemüseschäler
Einfülltrichter
5 – 6 Einweckgläser
mit je 200 ml Fassungsvermögen

Aufwand

1. Die Tomaten putzen und waschen, trocken tupfen und für drei Minuten lang in kochendes Wasser geben. Anschließend gründlich trocknen mit einem Tuch.
2. Die Zwiebel schälen und in feine Ringe schneiden. Den Knoblauch schälen und grob schneiden. Die Tomaten mit dem Knoblauch und pro Glas je ein Lorbeerblatt in die vorbereiteten Gläser schichten.
3. Nun den Sud herstellen und den Zucker mit dem Apfelessig vermischen, Honig und Pfeffer dazugeben und für ein paar Minuten sprudelnd kochen lassen.
4. Den heißen Sud über das Gemüse geben, so dass das Gemüse vollständig bedeckt ist. Bis zum Glasrand sollten noch 1 bis 2 cm Abstand bleiben.
5. Gläser sofort fest verschließen und bei 90 °C im Kochtopf im Wasserbad eine halbe Stunde lang einkochen lassen. Abkühlen lassen, kühl und dunkel lagern.

Zutatentipp

Damit die Tomaten ihr volles Aroma entfalten können, solltest du sie ein paar Tage lang ziehen lassen. Verfeinere die eingelegten Tomaten mit ein paar Senf- und Selleriesamen. Alternativ zu Apfelessig kannst du auch Weißweinessig verwenden.

Fruchtig-saure Rote Bete mit Apfel

Junge Rote Bete Knollen schmecken äußerst aromatisch und zart. Die Apfelspalten verleihen dem eingelegtem Gemüse zusätzlich einen fruchtig-sauren Geschmack. Rote Bete schmeckt köstlich zu Salaten oder Fisch, die rote Knolle ist zudem eine wertvolle Zutat in Smoothies und Suppen.

Benötigte Zutaten

600 g Rote Bete
200 g Äpfel
1 große Zwiebel
8 Gewürznelken
250 ml Rotweinessig
70 g Zucker
1 Prise Meersalz

Benötigtes Material

Kochtopf
2 Schüsseln
4 sterilisierte Einweck-Gläser mit 200 ml Fassungsvermögen

Aufwand

1. Als erstes die Rote Bete putzen und in einen Topf mit kaltem Wasser und etwas Salz geben. Für etwa 30 Minuten bei geringer Hitze garen. Wenn sich die Schale löst, ist die rote Knolle gar.
2. Rote Bete abkühlen lassen, schälen und in Scheiben schneiden. Die Zwiebel schälen und in dünne Ringe schneiden. Die Äpfel waschen, ggf. schälen und in Spalten schneiden.
3. Nun die Rote Bete, die Apfelspalten und die Zwiebelringe abwechselnd in die vorbereiteten Gläser schichten.
4. Die Nelken mit dem Zucker, etwas Salz und dem Rotweinessig vermischen und aufkochen lassen.
5. Den Essigsud nun in die Gläser füllen, die Gläser verschließen und die Rote Bete abkühlen lassen. An einem kühlen und dunklen Ort aufbewahren, dort hält sie sich einige Monate lang.

Zutatentipp

Anstatt die Rote Bete zu garen, kann man auch vorgegarte Rote Bete verwenden. Verfeinere den Essigsud mit frisch gemahlenen Pfeffer- und Senfkörnern.

Himbeeressig

Lust auf einen fruchtigen Himbeeressig? Du benötigst außer Himbeeren nur Weißweinessig und die Herstellung ist gar nicht schwer. Der Himbeeressig benötigt lediglich etwas Zeit zum Ziehen und schmeckt besonders gut zum Salat als feines Dressing, dient aber auch als Zutat in veganen Soßen oder Cocktails.

Benötigte Zutaten

350 g Bio-Himbeeren
600 ml Weißweinessig

Benötigtes Material

großes Glas
Sieb
Einfülltrichter
1 Flasche oder Einweckglas mit 600 ml Fassungsvermögen

Aufwand

1. Die Himbeeren vorsichtig waschen und mit dem Weißweinessig in ein Glas geben. An einem tageslichthellen Ort muss der Essig nun 2 Wochen lang ziehen.
2. Anschließend den Himbeeressig durch ein Sieb geben und in ein großes oder mehrere kleine sterilisierte Einweckgläser geben.

Zutatentipp

Anstatt fertigen Weißweinessig zu verwenden, kannst du diesen auch selbst herstellen mit Wein und Essigessenz. Du benötigst lediglich 200 ml stilles Wasser, 200 ml Weißwein und 50 ml Essigessenz. Gib alle drei Zutaten in ein Schraubverschlussglas, verschließe es und schüttele es gut. Der Essigansatz muss an einem dunklen und kühlen Ort etwa 3 bis 7 Tage lang durchziehen.

Würziger Matjes in Sherry

Sherry bezeichnet bestimmte Arten von verstärkten Weinen, die aus Andalusien im Süden Spaniens stammen. Ein echter Sherry durchläuft spezielle Reifeprozesse und ist den meisten Menschen als Aperitif bekannt. Doch viele Sherrysorten harmonieren ebenso hervorragend mit Fisch- und Fleischgerichten. Die würzigen, in Sherry einlegten Matjesfilets bringen das Meer auf den Teller.

Benötigte Zutaten

6 Matjesfilet (à 80g)
1 rote Zwiebel
50 ml Sherry, trocken
120 ml Rotwein, trocken
120 ml Rotweinessig
70 g Zucker
2 Gewürznelken
Wacholderbeeren
1 Lorbeerblatt
Senfkörner

Benötigtes Material

Einweck-Gläser
ggf. Grätenzange

Aufwand

1. Die rote Zwiebel schälen und in Ringe schneiden, bei schwacher Hitze andünsten. Jetzt die Marinade herstellen und den Rotweinessig mit dem Zucker, Sherry, dem Rotwein und den Gewürzen aufkochen und für 1 Minute köcheln lassen. Zwiebelringe dazugeben und abkühlen lassen.
2. Matjesfilets waschen, Gräten entfernen, die Filets trocken tupfen und in die vorbereiteten Gläser geben. Die Marinade über die Filets geben, bis diese vollständig bedeckt sind. Das Gefäß fest verschließen und für 3 Tage im Kühlschrank ziehen lassen.

Zutatentipp

Zum Sherry-Matjes passen Kartoffelplätzchen gut. Hierfür zunächst die gewünschte Menge an Kartoffeln weich kochen, schälen und zu einem Teig pressen. Mische ein Ei, eine Handvoll frisch gehackte Kräuter, sowie ein paar angedünstete Zwiebelwürfel unter den Teig. Würze mit Salz, Muskat und Pfeffer und brate den die Plätzchen mit etwas Butter nach einer Ruhezeit von 20 Minuten in der Pfanne an.

Rote Zwiebeln in weißem Balsamico

Diese feinen in Balsamico-einlegten Zwiebeln sind ein besonders feiner Appetizer und schmecken hervorragend zu frischem Brot. Auch zu Gegrilltem und auf Fleisch sind die feinen Zwiebeln schmackhaft.

Benötigte Zutaten

500 g Zwiebeln, rot
40 ml Balsamico, weiß
100 ml Rotwein, trocken
Senf
1 EL Honig
8 Salbeiblätter
Koriander
Salz, Pfeffer
Chili
Olivenöl

Benötigtes Material

Kochtopf
Einfülltrichter
Schüssel
1 Einweckglas mit 500 ml Fassungsvermögen

Aufwand

1. Die Zwiebeln schälen und längs halbieren. Die Längsseiten nochmal halbieren. Den Salbei waschen, trocknen und in Streifen schneiden.
2. In einem weiten Kochtopf etwas Öl erhitzen, die Zwiebelstücke und den Salbei darin für 1 bis 2 Minuten andünsten.
3. Rotwein, Balsamico mit 50 ml Wasser mischen, Honig dazugeben. Mit Salz, Pfeffer, Koriander und Chili abschmecken und abgedeckt 10 Minuten bei mittlerer Hitze köcheln lassen.
4. Die Zwiebeln in eine Schüssel geben, abkühlen lassen, mit Teller abdecken und 8 Stunden ziehen lassen. Gekühlt sind die Zwiebeln etwa 3 bis 4 Tage lang haltbar.

Zutatentipp

Verfeinere die Zwiebeln mit Rosmarin und Thymian.

Bunter Mix aus Paprika mit Chili und Knoblauch

Eingelegte Paprika sind ein feines Antipasti-Gericht und als Snack auf Partys beliebt. Ebenso sind sie eine schmackhafte Zutat in Salaten oder eine feine Suppeneinlage.

Benötigte Zutaten

500 g Paprikaschoten, rot und gelb
6 Knoblauchzehen
1 Chilischote, rot
250 ml Weißweinessig
25 g Zucker
Senfsamen
Salz

Benötigtes Material

Kochtopf
Einfülltrichter
Schüssel
3 - 4 Einweckgläser
mit je 200 ml Fassungsvermögen

Aufwand

1. Paprika- und Chilischoten waschen, halbieren, Kerngehäuse entfernen und in Streifen schneiden. Die Paprikastreifen in kochendem Wasser 4 Minuten köcheln lassen, anschließend trocken tupfen.
2. Knoblauch schälen, halbieren. Weißweinessig mit den Gewürzen und 250 ml Wasser aufkochen lassen. Über Nacht ziehen lassen. Am Folgetag erneut aufkochen und dann in die vorbereiteten Gläser füllen.
3. Gut verschließen und kühl und dunkel lagern. Die Schoten halten sich etwa 2 bis 3 Monate lang.

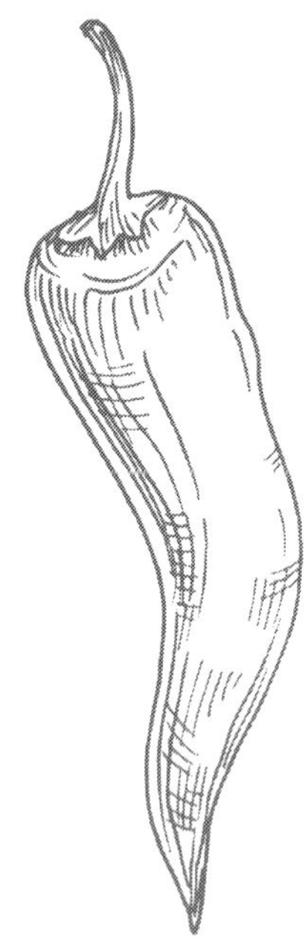

Zutatentipp

Gare ein paar geviertelte Champignons und dünne Zucchinischeiben mit etwas Öl in der Pfanne, gib den Paprikamix dazu und schon hast du ein feines Abendessen. Dazu passen Ofenkartoffeln.

Sauer-scharfe Chilischoten

In Öl eingelegte Chilischoten sind eine leckere Beilage zu asiatischen Gerichten. Verantwortlich für den scharfen Geschmack der Chilischoten ist unter anderem das enthaltene Capsaicin. Es empfiehlt sich bei der Zubereitung sehr scharfer Chilischoten Handschuhe zu tragen.

Benötigte Zutaten

400 g Chilischoten, rot und grün
2 Knoblauchzehen
1 Ingwerknolle
250 ml Weißweinessig
1 – 2 EL Zucker
3 EL Meersalz
Chili
Pfeffer

Benötigtes Material

Kochtopf
Einfülltrichter
ggf. Knoblauchpresse
3-4 Einweckgläser mit je 200 ml Fassungsvermögen

Aufwand

1. Die Chilischoten gut abwaschen, Stengel und Kerngehäuse entfernen und die Schoten in Ringe schneiden. Knoblauch schälen und in kleine Scheiben schneiden oder pressen. Ingwer schälen und in dünne Scheiben schneiden.
2. 200 ml Wasser in einem Kochtopf aufkochen lassen. Den Weißweinessig, das Meersalz und den Zucker hinzugeben. Den Topf nach 3 bis 4 Minuten vom Herd ziehen und abkühlen lassen.
3. Die Chilischoten abwechselnd mit dem Knoblauch und den Ingwer in die vorbereiteten Gläser schichten.
4. Die Gläser nun mit dem Essig-Sud auffüllen bis das Gemüse vollständig bedeckt ist. Bis zum Glasrand sollten noch 1 bis 2 cm Platz bleiben. Ggf. mit einem Löffel das Gemüse andrücken.
5. Die Gläser verschließen und für drei Tage im Kühlschrank ziehen lassen. Sie sollten bis zu einem Jahr lang haltbar sein.

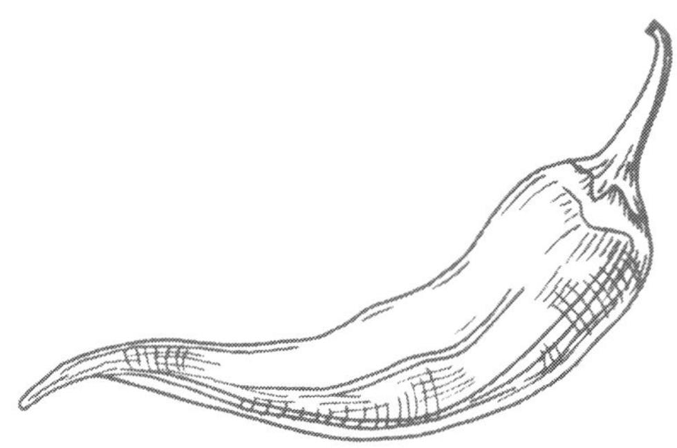

Zutatentipp

Das Aroma kann sich am besten entfalten, wenn die Chillischoten zwei Wochen lang ziehen dürfen.

Würziger Mix aus Pilzen in Weinessig

Im Herbst, wenn die Blätter sich bunt färben, ist wieder Pilzsaison. Aus den gesammelten Pilzen lassen sich jede Menge schmackhafter Gerichte zubereiten. Waldpilze besitzen allerdings eine zarte Struktur, sind besonders empfindlich und leicht verderblich. Einlegt in Essig kann man die Haltbarkeit von Waldpilzen jedoch verlängern. Waldpilze in Weißweinessig sind ein besonderer Genuss, für dieses Rezept eignen sich mitunter Pfifferlinge, Steinpilze, Champignons und Austern gut.

Benötigte Zutaten

1 kg Pilze, gemischt
250 ml Weißweinessig
2 Zweige Rosmarin
3 EL Senfsamen
3 EL Zucker
Pfeffer, schwarz
Piment

Benötigtes Material

Kochtopf
Einfülltrichter
Sieb
5 Einweckgläser
mit je 200 ml Fassungsvermögen

Aufwand

1. Die Pilze gründlich waschen und putzen, größere Pilze halbieren, kleine Pilze im Ganzen verwenden. Den Rosmarin abzupfen und waschen.
2. Nun den Sud herstellen und dafür den Weißweinessig, den Rosmarin, Pimentkörner, Senfsamen und in einem Topf geben und aufkochen lassen. Mit Salz und Pfeffer abschmecken.
3. Die Pilze in die vorbereiteten Gläser geben, den Essig-Sud darüber gießen. Im vorgeheizten Backofen in der mit Wasser gefüllten Fettpfanne etwa 10 Minuten lang einkochen lassen.
4. Die heißen Gläser abkühlen und eine Woche lang ziehen lassen, damit sich das Aroma voll entfalten kann. Kühl und dunkel lagern.

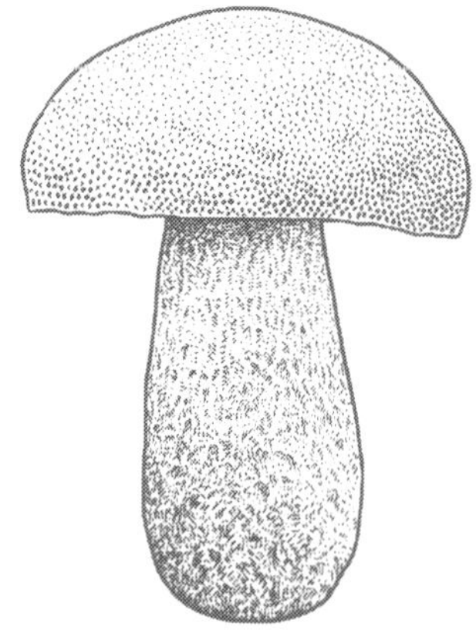

Zutatentipp

Eingelegte Pilze schmecken besonders gut zu Rohkostsalaten oder zu frischem Brot, aber auch zu Gegrilltem. Auch zu Schweinegeschnetzeltem passen die eingelegten Waldpilze gut, ebenso kannst du eine feine Suppe aus den Pilzen herstellen.

Feine Brombeeren mit Zimt und Nelken

Brombeeren schmecken nicht nur als Beilage in Süßspeisen, oder Zutat in Konfitüren und Gelee, sie lassen sich auch hervorragend mit Herzhaftem kombinieren. Lass die Beeren in Weißweinessig, Nelken und Zimt aufkochen und serviere sie als Beilage zu Fleischspeisen oder Salaten.

Benötigte Zutaten

1 kg Brombeeren
250 ml Weißweinessig
750 g Rohrohzucker
1 Zimtstange
3 Nelken

Benötigtes Material

Kochtopf
Einfülltrichter
Sieb, Schaumlöffel
5 Einweckgläser
mit je 200 ml Fassungsvermögen

Aufwand

1. Die Brombeeren putzen, waschen und sanft trocken tupfen.
2. Rohrohzucker uns Essig in einen Topf geben, aufkochen und für 10 Minuten köcheln lassen. Die Brombeeren dazugeben und aufwallen lassen.
3. Mit einem Sieb oder Schaumlöffel die Brombeeren aus dem Sud nehmen und in die vorbereiteten Gläser geben.
4. Zimtstange, Nelken und nach Wunsch ein paar Pimentkörner in den Sud geben und erneut aufkochen lassen. Den heißen Sud in die Gläser füllen und diese sofort verschließen. Abkühlen lassen und kühl lagern.

Zutatentipp

Für einen Brombeeressig einfach 600 g Brombeeren mit 140 g Zucker in einem Topf erhitzen, 800 ml Weißweinessig dazugeben und in ein weites Gefäß geben. Brombeeressig zwei Wochen ziehen lassen und dann durch ein Sieb in Flaschen füllen.

Süß-saure Cherrytomaten in weißem Balsamico

Weißer Balsamico stellt eine Mischung aus Weißweinessig und Traubenmost dar. Mit seinem süß-säuerlichen und frischem Geschmack ist er vielfältig einsetzbar für Salate, Gemüsegerichte und Soßen. Cherrytomaten und Knoblauch eingelegt in Balsamico sind ein feines Anti-Pasti- und Fingerfood-Gericht, aber auch eine leckere Beilage zu Pastagerichten.

Benötigte Zutaten

250 g Cherrytomaten
½ Bund Basilikum
3 Knoblauchenzehen
500 ml Balsamico, weiß
1 EL Zucker
2 EL Olivenöl

Benötigtes Material

Kochtopf
Einfülltrichter
Schüssel
Sieb, Schaumlöffel
Knoblauchpresse
1 Einweckglas
mit je 500 ml Fassungsvermögen

Aufwand

1. Die Cherrytomaten waschen und trocken tupfen. Basilikumblätter zupfen und waschen. Knoblauch schälen und die Enden entfernen.

2. Den Balsamico mit 250 ml Wasser in einen Topf geben und aufkochen lassen, die Tomaten hineingeben, eine große Prise Zucker dazugeben. Umrühren und 8-10 Minuten lang köcheln lassen.

3. Die weich gekochten Tomaten mit Hilfe eines Siebs herausnehmen, in eine Schüssel geben und kurz abkühlen lassen. Den Knoblauch dazupressen und 4 EL des Essigsudes. Das Olivenöl dazugeben und alles vermengen.

4. Die Tomaten in das vorbereitete Glas füllen und 48 Stunden lang ziehen lassen.

Zutatentipp

Genieße zu den eingelegten Tomaten gebackenen Mozzarella und frisches Ciabatta. Röste für die Garnitur ein paar Pinienkerne an und serviere die Tomaten mit frischen Basilikumblättern.

Heidelbeeren in Rotweinessig

Im Sommer beginnen die Beerensaison und die Zeit, in der Beeren zu Konfitüren und Gelee verarbeitet werden. Doch Heidelbeeren schmecken auch sehr gut eingelegt in Rotweinessig, vor allem zu Käsegerichten und Käseplatten.

Benötigte Zutaten

250 g Heidelbeeren
500 ml Rotweinessig
1 große rote Zwiebel
1 TL Pfefferkörner
1 EL Senfkörner

Benötigtes Material

Kochtopf
Einfülltrichter
2 Einweckgläser mit je 200 ml Fassungsvermögen

Aufwand

1. Die Heidelbeeren waschen und trocken tupfen. Die Zwiebel schälen und in feine Ringe schneiden. Pfeffer- und Senfkörner kurz anrösten, Zwiebelringe dazugeben und mit Rotweinessig ablöschen. Die Mischung 15 Minuten köcheln lassen.
2. Die Heidelbeeren in die vorbereiteten Gläser geben und den heißen Sud darübergießen. Die Gläser sofort verschließen. Für 5 Minuten auf den Kopf stellen und abkühlen lassen.
3. Die Heidelbeeren halten sich mindestens 3 Monate lang.

Zutatentipp

Besonders gut schmecken diese die fruchtigen Heidelbeeren auch auf einem selbstgemachten Burger und zu Lachs.

7.

Einlegen in Zucker

Ob als hübsche Dekoration auf Torten, süßer Snack für Zwischendurch oder als verfeinernde Zutat in Müsli, Joghurt und Bowls, kandierte Früchte können sehr vielseitig verwendet werden. Die in Zucker-Sirup eingelegten Früchte gelten als ein schöner Blickfang und eignen sich für zahlreiche kulinarische Kreationen.

Die Herstellung der gezuckerten Früchte ist gar nicht so schwer, du benötigst dafür lediglich die gewünschten Früchte, Wasser und Zucker. Das Kandieren erfordert jedoch Geduld und etwas Geschick, da der Vorgang des Kandierens sich über mehrere Tage erstreckt. Grundsätzlich lassen sich fast alle Früchte kandieren. Besonders gut eignen sich jedoch Orangen, Äpfel, Kiwis, Bananen und Trauben. Wichtig beim Verarbeiten und Einlegen der Früchte, ist dass du darauf achtest, dass diese einwandfrei sind und eine hochwertige Bio-Qualität aufweisen. Verarbeite zudem möglichst saisonale und regionale Obst- und Gemüsesorten.

Um die Früchte zu Kandieren, werden diese zunächst vorbereitet, anschließend wird das frische Obst wird mit einer heiß aufgekochten Zucker-Wasserlösung übergossen. dieser Vorgang wird für mehrere Tage wiederholt, so kann sich eine Zuckerkruste um die Frucht bilden. Je nach Frucht kann der Vorgang länger dauern und je stärker kandiert eine Frucht ist, umso süßer schmeckt sie.

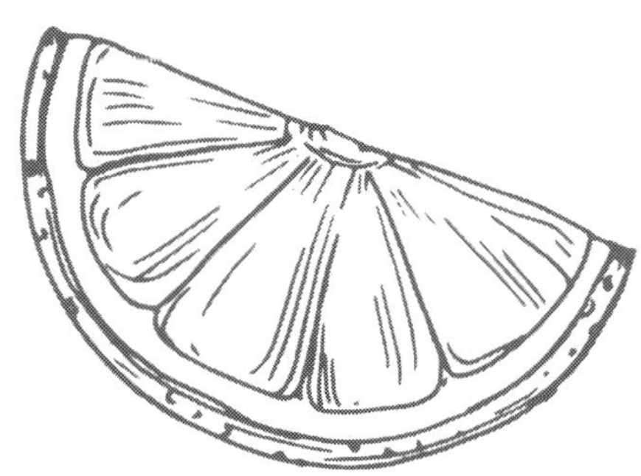

Kandierte Früchte

Beim Kandieren der Früchte ist es wichtig, sauber zu arbeiten du die Früchte immer wieder ziehen zu lassen. Bestimmte Obstsorten wie Kirschen am besten vor dem Kandieren einstechen. Bei hartem Obst wie Birnen empfiehlt es sich, die vorher kurz in heißem Wasser zu blanchieren und anschließend kurz in Eiswasser zu geben. Für die Herstellung des Sirups empfiehlt sich ein Kochtopf mit einem gut wärmeleitenden Boden. Nach dem Kandieren sollten die Früchte unbedingt trocken gelagert werden, da sie sonst weich werden und möglicherweise verderben.

Benötigte Zutaten

Früchte
Wasser
Zucker

Benötigtes Material

Kochtopf
Schüssel
Thermometer
Sieb oder Schaumlöffel

Aufwand

1. Als erstes die Früchte vorbereiten, gut waschen, ggf. schälen, faule Stellen entfernen und entkernen. Anschließend werden die Früchte in dünne Scheiben oder Streifen geschnitten.
2. Nun den Sirup herstellen, dafür wird der Zucker mit dem Wasser in der Regel im Verhältnis 1:1 vermischt. (1000 ml Wasser zu 1000 g Zucker). Die Mischung auf 100 - 105 ° C erhitzen und kochen lassen bis, sich Fäden bilden. Den Sirup anschließend kurz abkühlen lassen. Alternativ wird zunächst ein Teil des im Rezept angegebenen Zuckers verwendet und weitere Teile Zucker dann beim erneuten Aufkochen.
3. Die vorbereiteten Früchte in einem Sieb in einen weiteren Topf hängen und den Sirup darüber gießen bis alle Früchte vollständig bedeckt sind. Die Früchte kurz abkühlen lassen und im Topf abgedeckt einen Tag ruhen lassen.
4. Am zweiten Tag das Sieb mit den Früchten aus dem Topf nehmen und den Sirup ein weiteres Mal aufkochen lassen. Den warmen Sirup erneut über die Früchte gießen und diese einen weiteren Tag abgedeckt ruhen lassen. Die Farbe des Sirups verändert sich bei jedem erneuten Aufkochen, das ist völlig normal.
5. Am dritten Tag den Vorgang ein weiteres Mal wiederholen, die Früchte ganz kurz abkühlen lassen und dann wieder für 24 Stunden abgedeckt im Sud ziehen lassen.
6. Am vierten Tag den Sirup ein letztes Mal aufkochen und heiß über die Früchte gießen. Die Früchte anschließend auf einem Kuchengitter oder Backblech mit Backpapier trocken lassen.
7. Die kandierten Früchte trocknen mehrere Tage lang, sie sind bei optimaler Lagerung bis zu 12 Monate lang haltbar.

Zutatentipp

Je dünner die Stücke desto schneller können die Früchte kandiert werden.
Das zu kandierende Obst sollte daher an der dicksten Stelle nicht mehr als einen Durchmesser von 1,5 cm aufweisen.

Süß-saure Rhabarberstreifen mit Vanille

Kandierter Rhabarber erinnert geschmacklich ein wenig an Fruchtgummi, ist aber wesentlich gesünder. Mit den gezuckerten Stangen kannst du Desserts und Torten und Cupcakes verfeinern. Auch als Salatgarnitur eignen sich die kandierten Früchte und einfach so zum Naschen für Zwischendurch.

Benötigte Zutaten

3 Stangen Rhabarber
450 - 600 g Zucker
1 Vanilleschote
Wasser

Benötigtes Material

1 Kochtopf
1 Schüssel
Sieb
Sparschäler

Aufwand

1. Den Rhabarber schälen und die Enden entfernen, die Frucht mit einem Sparschäler längs in sehr dünne Streifen schneiden. Vanillemark aus der Schote lösen.
2. Nun den Sirup herstellen und zunächst 300 g Zucker mit 600 ml Wasser zum Kochen bringen, bis der Zucker aufgelöst ist, Topf vom Herd ziehen und die Rhabarberstreifen und das Vanillemark dazugeben. Mit einem Deckel abgedeckt 24 Stunden lang ziehen lassen.
3. Am Folgetag die Rhabarberstreifen mit einem Sieb herausholen, den Sirup auffangen und erneut mit 150 g Zucker aufkochen lassen. Wenn der Zucker sich aufgelöst hat, den Rhabarber hineingeben, Topf abdecken und erneut 24 Stunden lang ziehen lassen.
4. Am dritten Tag Rhabarberstreifen erneut absieben. Sirup auffangen und in eine Flasche geben. Rhabarberstreifen auf ein mit Backpapier ausgelegtes Backblech geben und bei 50 °C mehrere Stunden lang trocknen lassen. Dabei die Ofentür leicht geöffnet lassen. Zwischendurch Rhabarberstreifen wenden.

Zutatentipp

Wenn die Rhabarberstücke dicker geschnitten sind, empfiehlt es sich, am dritten Tag die Prozedur vom zweiten Tag zu wiederholen und erst am vierten Tag die Trocknung durchzuführen. Mit dem Sirup kannst du ein erfrischendes Sommergetränk zubereiten. Gib hierfür etwas Sirup in gekühltes Mineralwasser, gibt zwei dünne Scheiben Zitrone und 3 Minzblätter dazu und serviere den Drink mit ein paar Eiswürfeln.

Feine Orangenschalen mit Ingwer

Die bekanntesten kandierten Früchte sind wohl Kirschen, Äpfel und Orangen. Doch nicht nur die Früchte selbst eignen sich zum Kandieren, auch die Schalen von Zitronen- oder Orangen schmecken kandiert hervorragend, und zwar nicht nur in der Weihnachtszeit. Mit diesem schnellen Rezept kannst du deinen Gästen einen leckeren Snack servieren.

Benötigte Zutaten

400 g Orangenschale
800 ml Wasser
1000 g Zucker, braun
1 Vanilleschote
100 g Ingwerwurzel, geschält und fein gehackt

Benötigtes Material

Kochtopf
Schüssel
Sieb

Aufwand

1. Die weiße Rinde der Orangenschalen vollständig entfernen. Die Orangenschalen in einen Topf geben und mit Wasser bedecken. Das Wasser aufkochen lassen und die Orangenschalen etwa 5 Minuten köcheln lassen.
2. Nun die Orangenschalen herausnehmen und den Sud abgießen und auffangen. Den Zucker und die Hälfte und 500 ml des Suds in einen Topf geben und rühren bis sicher Zucker auflöst, den gehackten Ingwer dazugeben und den Sud zum Kochen bringen. Die Orangenschalen mit Ingwer etwa 30 Minuten köcheln lassen.
3. Den Topf von der Herdplatte ziehen und die Früchte abgedeckt mindestens 7 – 8 Stunden lang ruhen lassen.
4. Ein Sieb über eine Schüssel hängen und die Mischung abgießen. Ingwer und Orangen schalen auf einem Kuchengitter oder Backblech trocknen lassen.

Zutatentipp

Tauche die kandierten Orangenschalen zur Hälfte in Schokoladenkuvertüre, und serviere sie deinen Gästen. Das sieht schön aus und schmeckt besonders fein.

Beschwipste Süßkirschen

Beschwipste Kirschen schmecken sowohl als Zutat in Torten, Gebäck und zu Eis- oder Puddingspeisen besonders gut. Auch als Aperitif in einem kühlen Glas Sekt oder als Cocktailgarnitur eignen sich die Kirschen hervorragend. Die beschwipsten Kirschen in einem hübsch dekortierten Glas sind auch ein geschmackvolles Mitbringsel für Freunde und Verwandte.

Benötigte Zutaten

300 g Süßkirschen
50 g Rohrohrzucker
2 EL Honig
1 Vanilleschote
1 Zimtstange
1 Päckchen Vanillezucker
350 ml Rum, weiß

Benötigtes Material

Kochtopf
Schüssel
Einweck-Gläser

Aufwand

1. Die Kirschen waschen, entsteinen und in Gläser füllen. Die Vanilleschote einritzen. 70 ml Wasser mit dem Zucker, Vanillezucker, der Zimtstange, dem Honig und der Vanilleschote etwa 3 Minuten lang köcheln lassen
2. Nun die Vanilleschote aus dem fertigen Sirup entfernen und den Sirup kurz abkühlen lassen und anschließend über die Kirschen geben bis diese vollständig bedeckt sind. Die Gläser fest verschließen.
3. Die Kirschen müssen drei Tage lang durchziehen.

Zutatentipp

Anstatt des Rums kannst du auch eine andere Spirituose verwenden. Serviere deinen Gästen doch einmal »Beschwipste Süßkirschen im Schokoladenmantel«. Schmilz hierfür Schokoladenkuvertüre über heißem Wasserbad. Spieße einige Kirschen auf Zahnstocher oder Cocktailspieße und tauche sie in die heiße Schokolade. Die Kirschen etwa 2 Stunden lang kühlen und genießen.

Karamellisierter Liebesapfel

Karamellisierte Äpfel dürfen auf Volksfesten nicht fehlen, doch der sogenannte Liebesapfel ist auch am Valentinstag oder zu Helloween beliebt. Aber warum auf das nächste Volksfest warten, wenn man die hübschen Äpfel auch selbst im Handumdrehen herstellen kann?

Benötigte Zutaten

6 Äpfel
600 g Zucker
rote Lebensmittelfarbe
1-2 TL Zitronensaft

Benötigtes Material

Kochtopf
Schüssel
Schneebesen
6 Holzspieße
Löffel

Aufwand

1. Die Äpfel gut waschen, die Stiele entfernen und die Früchte trocken tupfen. Holzspieße in die Äpfel stecken.
2. 80 ml Wasser in einen Topf geben, den Zucker und den Zitronensaft dazugeben und erhitzen, bei gelegentlichem Umrühren karamellisieren lassen.
3. Lebensmittelfarbe dazugeben und einrühren bis die gewünschte Farbe erreicht ist. Sirup vom Herd ziehen und gelegentlich umrühren.
4. Ein Backblech mit Backpapier auslegen. Wenn der Sirup dickflüssig wird, mit einem Löffel über die Äpfel laufen lassen.

Zutatentipp

Garniere die Äpfel mit ein paar gehackten Mandeln und bunten Zuckerstreuseln. Anstatt der klassischen roten Farbe kannst du auch eine andere Farbe deiner Wahl verwenden.

Dunkle Schokomousse mit kandierten Erdbeeren

Wer liebt dieses Dessert nicht, eine luftig-leicht Schokomousse. Das leckere Dessert kannst du auch zuhause herstellen und zusammen mit kandierten Erdbeeren genießen. Es kostet zwar ein wenig Aufwand, dochscho der feine Genuss ist die Mühe wert.

Benötigte Zutaten

250 g Erdbeeren
250 g Zucker
200 g Kuvertüre, zartbitter
(mind. 50 % Kakaoanteil)
3 Bio-Eier
1 EL Zucker für die Schokomousse
1 Prise Salz
250 ml Schlagsahne

Benötigtes Material

Kochtopf
Schüssel
Schneebesen
Sieb
6 Dessertschalen

Aufwand

1. Die Erdbeeren waschen, faule Stellen entfernen und die Früchte trocken tupfen. Mit 400 ml Wasser und 400 g Zucker den Sirup herstellen.
2. Die Erdbeeren in das Sieb geben und die Zuckerlösung drüber geben. Den Vorgang 4 Tage lang wiederholen und am letzten Tag die Früchte auf einem Kuchengitter trocknen lassen.
3. Für die Schokomousse die Sahne steif schlagen und in den Kühlschrank stellen. Die Zartbitterkuvertüre fein hacken und im Wasserbad zum Schmelzen bringen, anschließend kurz abkühlen lassen.
4. Währenddessen die Eier trennen, die Eigelbe mit etwas Salz cremig schlagen und das Eiweiß mit 1 EL Zucker sehr steif schlagen. Die Schokolade zügig und gründlich unter das Eigelb rühren, so dass keine Stückchen entstehen.
5. Anschließend den Eischnee unter die Schokoladen-Eigelb-Masse heben und dann vorsichtig die Sahne unterheben.
6. Die Mousse nun mindestens 5 Stunden lang durchkühlen lassen. Kurz vor dem Servieren die Mousse mit den kandierten Erdbeeren garnieren.

Zutatentipp

Auch als Veganer musst du nicht auf den schokoladigen Genuss verzichten, denn mit Kichererbsen-Wasser und veganer Schokolade lässt sich auch eine vegane Schokoladenmousse herstellen. Kandierte Erdbeeren schmecken auch besonders gut in weißer Schokoladenkuvertüre und Schokoladenfondue.

Kandierte Chilischoten

Ganz klar, den Geschmack kandierter und scharfer Chilischoten muss man mögen, für die Herstellung benötigst du gar nicht viel, doch etwas Zeit, denn der Prozess des Kandierens dauert bei den Schoten insgesamt 7 Tage lang. Kandierte Chilischoten eignen sich ideal zum Verfeinern von Torten, Broten und Kuchen.

Benötigte Zutaten

250 g Chilischoten
1 kg Zucker
1 Liter Wasser

Benötigtes Material

Kochtopf
Schüssel
Schneebesen
Sieb

Aufwand

1. Die Chilischoten waschen, trocken tupfen, entkernen und halbieren.
2. Den Sirup aus dem Zucker und dem Wasser herstellen und aufkochen lassen. Die Chilischoten in das Sieb geben und in einen Topf hängen. Mit dem heißen Sirup übergießen, so dass die Schoten vollständig bedeckt sind. Die Chilischoten 24 Stunden lang abdeckt ziehen lassen.
3. Am Folgetag Sirup wie im Basisrezept erneut aufkochen lassen und die Schoten übergießen.
4. Den Vorgang drei weitere Tage wiederholen, sodass die Schoten fünf Tage in Folge mit dem Sirup übergossen werden. Nach dem fünften Mal die Chilischoten 48 Stunden lang ziehen lassen.
5. Am siebenten Tag die Chilischoten im verbliebenen Sirup für eine Minute aufkochen lassen, anschließend herausnehmen und gut trocknen lassen, am besten im Backofen oder Dörrgerät.

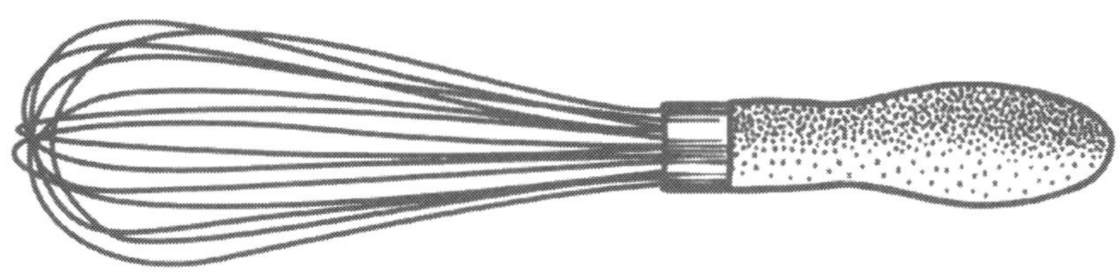

Zutatentipp

Den übrigen Chilisirup kannst du zum Süßen von Waffeln, Kaffeegetränken, Tee, Cocktails oder als Zutat in Bonbons und Krokant nutzen.

Fermentierte Knoblauchzehen in Honig

Knoblauch in Honig mag sich im ersten Moment vielleicht unpassend anhören, doch mit der fermentierten Honigknolle kannst du zahlreiche Soßen und Dressings verfeinern. Auch Pestos, Fleischgerichten, Risotto und Suppen verleiht die süße Knolle einen besonderen Geschmack.

Benötigte Zutaten

2 frische Knoblauchknollen
350 g Honig,
zum Beispiel Sonnenblumenhonig
1 TL Cayennepfeffer

Benötigtes Material

Kochtopf
ggf. Fermentier-Gewichte
1 Schraubglas
mit 500 ml Fassungsvermögen

Aufwand

1. Den Knoblauch schälen, faule Stellen entfernen und die Knollen in Zehen teilen.
2. Die Knoblauchzehen in das sterilisierte Glas geben. Honig und Cayennepfeffer dazugeben, das Glas gut verschließen und an einem dunklen Ort für mindestens 14 Tage fermentieren lassen.
3. Während des Fermentationsprozesses das Glas einmal täglich öffnen, um die Gase, die durch den Prozess entstehen, entweichen zu lassen.

Zutatentipp

Vorsicht, das Glas nur bis zu 2/3 befüllen, die Fermentation ist bei Knoblauchhonig ziemlich stark und die Gefahr besteht, dass das Glas ansonsten überläuft. Gib zu dem Knoblauchhonig frischen und feingewürfelten Ingwer und lasse alle drei Zutaten mindestens 2 Wochen lang ziehen. Nimm jeden Morgen einen Löffel dieser gesunden Kombination aus Knoblauch, Honig und Ingwer zu dir und deine Gesundheit kann davon stark profitieren.

8.

Einlegen in Salz

Um Gemüse lange haltbar zu machen, wird häufig auch die beliebte Technik des »Einsalzens« zurückgegriffen. Die Methode gehört neben dem Trocknen zu den ältesten Konservierungsmethoden. Wer einen eigenen Garten besitzt kann im Frühjahr und Sommer manchmal mehr Gemüse ernten als er in der kurzen Zeit verbrauchen kann. Durch das Einlegen in Salzlake kann die Haltbarkeit der Gemüseernte für mehrere Monate lang bis zu einem Jahr verlängert werden. Wichtig ist beim Einlegen in Salz dass hygienisch gearbeitet wird, damit sich einen ungebetenen Keime im Glas bilden.

Zunächst wird eine Salzlake aus Salz und Wasser hergestellt, das frische Gemüse wird gewaschen, geputzt und in mundgerechte Stücke geschnitten. Bestimmte Gemüsesorten welche werden auch vorgekocht. Dann wird das Gemüse in sterile Gläser oder einen Tontopf gegeben und mit der Salzlösung bedeckt. Wie bei der Einkochen-Technik kann das Gemüse in den Gläsern bei 80 ° C für 30 Minuten im Wasserbad eingekocht werden und wird so besonders lange haltbar. Die abgekühlten Gläser mit dem Gemüse solltest du am besten an einem kühlen und dunklen Ort, zum Beispiel im Vorratskeller lagern.

Gartengurken mit Dill

Gurken aus der Familie der Kürbisgewächse sind ein absolutes Superfood, eingelegt in Salz kannst du sie auch im Winter genießen. Gib ein paar tanninhaltige Blätter mit ins Glas, damit die Gurken schön knackig bleiben und nicht unangenehm weich werden. Gut geeignet sind zum Beispiel Sauerkirsch- oder Meerrettichblätter. Den Gurkensud solltest du nach Verzehr der Gurken nicht wegwerfen, gib etwas Ingwer und Zitrone dazu und bereite dir ein gesundes und isotonisches Getränk zu.

Benötigte Zutaten

- 500 g Gartengurke
- 1 Liter Wasser
- 1 kleine Zwiebel
- ½ Bund Dill
- 50 g Meersalz
- Rosmarin
- Thymian
- Knoblauch
- Senfkörner
- 2 - 3 Sauerkischblätter

Benötigtes Material

- Kochtopf
- Fermentier-Gewichte
- Schraubglas
  mit 750 ml Fassungsvermögen

Aufwand

1. Die Gurken waschen, putzen und Stiele entfernen. Die Zwiebel schälen und in feine Ringe schneiden. Den Dill abspülen und in Zweige teilen.
2. Nun die Salzlösung herstellen und hierfür einen Liter Wasser mit dem Salz zum Kochen bringen.
3. Nun die Gurken, den Dill, die Zwiebelringe und nach persönlichem Geschmack etwas Rosmarin, Thymian, Senfkörner und Knoblauchpulver dazugeben.
4. Die kochend heiße Salzlösung in das Glas gießen bis das Gemüse vollständig bedeckt ist. Bis zur Öffnung sollten noch mindestens 3 cm Platz bleiben. Das Gemüse mit Fermentier-Gewichten oder alternativ einem passenden Teller und Steinen beschweren. Den Deckel lose auflegen, damit entstehende Gärungsgase austreten können.
5. Das Gemüse bei Zimmertemperatur 3 bis 4 Tage ziehen lassen, anschließenden den Deckel fest verschließen und das Glas kühl und dunkel lagern.

Zutatentipp

Für einen würzigen Gurken-Dipp, 80 g Gurke und ein paar Estragonblätter fein hacken und mit 2 EL Olivenöl, 1 EL Senf und etwas Gurkensud vermengen. Mit Salz und Pfeffer abschmecken und kühlen. Der Dip schmeckt auf Burgen und Toasts.

Bunter Mix aus Oliven
mit Zitrone & frischem Rosmarin

Oliven kennen wir in grüner, schwarzer oder violetter Farbe, dies hängt mit dem Reifegrad zusammen. Reife Oliven sind schwarz, während die unreifen noch grün sind, dennoch sind gerade die grünen Früchte so gesund und werden für die Herstellung von hochwertigem Öl genutzt. Oliven schmecken roh bitter, erst das Einlegen in eine Salzlösung lässt sie genießbar werden. Mit Zitrone und Rosmarin erhalten sie einen würzig-säuerlichen Geschmack.

Benötigte Zutaten

1 kg Oliven, frisch, unterschiedliche Reifegrade
1 Liter Wasser, gefiltert
100 g Meersalz
1 El Olivenöl
1 Bio-Zitrone
3 Zweige Rosmarin

Benötigtes Material

Kochtopf
Tontopf
Fermentier-Gewichte
Schraubglas
mit 500 ml Fassungsvermögen

Aufwand

1. Die Oliven waschen und gut abtropfen lassen. Oliven mit einem Messer einschneiden oder leicht anschlagen, damit sie aufplatzen. Die Zitrone heiß abwaschen, die Schale abreiben und die Saft auspressen und auffangen. Rosmarin waschen, trocken tupfen und die Nadeln klein schneiden.
2. Das gefilterte Wasser mit dem Salz zum Kochen bringen, Rosmarinnadeln, Zitronenschale und Zitronensaft dazugeben.
3. Die Oliven in den Tontopf geben und mit der Salzlake übergießen, so dass alle Oliven bedeckt sind, die Früchte dann zum Schluss mit dem Olivenöl bedecken.
4. Den Tontopf nun an einem kühlen und dunklen Ort lagern.
5. Zutatentipp: Verfeinere den Olivenmix mit Knoblauchzehe, Basilikum und

Zutatentipp

Verfeinere den Olivenmix mit Knoblauchzehe, Basilikum und Oregano. Oliven schmecken besonders gut als Antipasti zu getrockneten Tomaten und Schafskäse. Serviere etwas Focaccia dazu. Oliven sind zudem eine leckere Zutat in Salaten und eine hübsche Garnitur für Cocktails, zum Beispiel einem kühlen Martini.

Hering in Zwiebeln, Knoblauch & Ingwer

Frischer Hering hält sich leider nur wenige Tage lang, den Hering selbst in Salz einzulegen ist zwar etwas aufwendig, doch Gourmets werden den feinen Geschmack ohne Zusatzstoffe zu schätzen wissen. Mit Zwiebeln, Ingwer, Gewürznelken und Wacholderbeeren schmeckt der gesunde Fisch angenehm würzig.

Benötigte Zutaten

1 kg grünen Hering, ausgenommen
1 kg Meersalz
3 - 4 Zwiebeln
1 Ingwerknolle
1 Knoblauchzehe
10-12 Wacholderbeeren
3 Gewürznelken
1 Liter Essig
500 ml Wasser
Koriander
Senfkörner

Benötigtes Material

Kochtopf

Aufwand

1. Die ausgenommenen Heringe außen und innen gründlich waschen und anschließend trocken tupfen. Den Fisch mit dem Salz bedecken und drei Tage lang im Kühlschrank lagern lassen.
2. Die Heringe nach den 3 Tagen einen weiteren Tag lang in ein Wasserbad zu legen. Das Wasser dabei mehrmals austauschen.
3. Die Zwiebeln schälen und in feine Ringe schneiden. Ingwer und Knoblauch schälen und fein hacken.
4. Das Wasser mit dem Essig, Zwiebeln, Ingwer und Knoblauch in einen Kochtopf geben. Die Gewürze dazugeben und die Mischung aufkochen lassen. Nach persönlichem Geschmack etwas Thymian und 1 EL Rohrzucker dazu geben und umrühren.
5. Anschließend die Heringe für 3 bis 9 Tage in den abgekühlten Essigsud geben und den Fisch vollständig mit dem Sud bedecken. Die eingelegten Herinige in den Kühlschrank stellen.
6. Nach 6 - 7 Tagen probieren und zum Beispiel zu einer Kartoffelbeilage und grünen Bohnen servieren.

Zutatentipp

Je länger der Fisch fermentiert desto intensiver wird der Geschmack.
Verfeinern kannst du den Hering mit Pimentkörnern und Lorbeerblättern.

Salzige Zitronen

In Salz eingelegte Zitronen gelten als Grundzutat zu orientalischen Salaten, Soßen und passen auch hervorragend als Garnitur zu Meeresfrüchten und Pastagerichten. Der zarte, leicht herbe und säuerliche Geschmack der Zitronen rundet scharfe und orientalisch gewürzte Speisen perfekt ab.

Benötigte Zutaten

3 Bio-Zitronen
3 EL Meersalz
1 EL Zucker
Wasser
ggf. Zitronensaft

Benötigtes Material

Schüssel
steriles Einweckglas

Aufwand

1. Die Zitronen heiß abwaschen und trocken tupfen. Anschließend die Zitrusfrüchte in dünne Scheiben schneiden und die Kerne entfernen.
2. Die Scheiben in eine flache Glasschüssel aufeinanderschichten und das Salz und den Zucker darübergeben. Die Schüssel abdecken und drei Tage lang an einem warmen Ort fermentieren lassen.
3. Die Schüssel gelegentlich schütteln so dass die Zitronen mit dem Sud bedeckt sind. Gegebenenfalls etwas Zitronensaft nachfüllen.
4. Nach 3 bis 4 Tagen die Zitronenscheiben in das vorbereitete Glas schichten und mit dem Saft bedecken, ggf. noch zusätzlich Zitronensaft dazugeben, so dass die Zitronenscheiben vollständig bedeckt sind. Gekühlt sind die Zitronenscheiben etwa 3 Monate lang haltbar.

Zutatentipp

Anstelle der Salzwasserlösung kannst du die Zitronen auch in Olivenöl einlegen. Gib etwas Pfeffer, Chiliflocken und Rosmarin dazu und verleihe den Zitrusfrüchten eine besonders würzige Note.

Scharfes Chili nach asiatischer Art

Ob als scharfe Vorspeise oder Beilage zu asiatischen Gerichten, mit eingelegten Chilischoten kannst du zahlreiche Speisen verfeinern. Sie passen hervorragend zu Reis, Gemüse, asiatischen Fleischgerichten und Suppen.

Benötigte Zutaten

500 g Chilischoten, grün oder rot
50 g Meersalz
2 Knoblauchzehen
1 Ingwerknolle
250 Weißweinessig
1 – 2 EL Zucker

Benötigtes Material

Schüssel
Kochtopf
Sieb
4 sterile Einweckgläser
mit 200 ml Fassungsvermögen

Aufwand

1. Die Chili-Schoten waschen und über Nacht in eine Salzlake legen. Hierfür 1 Liter Wasser mit 50 g Salz mischen, die Schoten in ein großes Gefäß geben und mit der Lake bedecken.
2. Gegebenenfalls mit Gewichten beschweren, so dass alle Chilischoten mit der Lake bedeckt sind und die Schoten 24 Stunden lang ruhen lassen.
3. Am nächsten Tag die Schoten durch ein Sieb geben, kurz abspülen und abtropfen lassen. Den Knoblauch schälen, Knoblauch und Ingwer fein hacken.
4. In einem Kochtopf 1 Liter Wasser zum Kochen bringen, den Essig und den Zucker dazugeben.
5. Die Chilischoten, Knoblauch und Ingwer abwechselnd in die Gläser schichten. Die Essigmischung aufkochen, kurz abkühlen lassen und das Gemüse damit vollständig bedecken, ggf. beschweren.
6. Die Gläser im Kühlschrank für mindestens 3 Tage ziehen lassen, wenn sauber gearbeitet wurde, sind die Schoten mindestens 1 Jahr lang haltbar.

Zutatentipp

Verleihe den Chilischoten zusätzliche etwas Schärfe mit Chiliflocken.

9.

Einlegen in Öl

Frisches Obst und Gemüse mit feinen Kräutern und Gewürzen in Öl einzulegen verlängert nicht nur die Haltbarkeit der Lebensmittel, es ergeben sich schier unendliche Möglichkeiten, die eingelegten Lebensmittel zu nutzen. Sowohl als Garnitur, würzige Vorspeise, Beilage zu Fleisch und Fisch oder zum Verfeinern von Speisen, es gibt zahlreiche Kombinationsmöglichkeiten und Variationen.

Aus der italienischen Küche sind Antipasto und in Öl eingelegte Delikatessen wie Oliven, Artischocken, Pilze und Tomaten gar nicht mehr wegzudenken. Aus püriertem Gemüse und Pflanzenölen lassen sich zudem leicht köstliche Pestos herstellen. Die ungekochten, würzigen Soßen mit Kräutern und Nüssen oder Kernen schmecken besonders gut zu Pasta.

Scharf-würzige Auberginen

In Öl eingelegte Auberginen mit Kräutern und Weinessig sind ein typisches Anti-Pasto-Gericht der kalabresischen Küche. Kalabrien ist die südlichste Region Italiens. Diese fein-würzigen Auberginen mit frischen Kräutern schmecken besonders gut auf Brot oder zu Salaten

Benötigte Zutaten

700 g Auberginen
2 Chilischoten
230 ml Olivenöl
450 ml Weißweinessig
10 Basilikumblätter
8 Minzblätter
2 EL Petersilie
4 EL Meersalz

Benötigtes Material

Schüssel
Kuchengabel
4 Einweck-Gläser
mit je 200 ml Fassungsvermögen

Aufwand

1. Zuerst eine Salzlake herstellen, hierfür 2 EL Meersalz in 2 Liter Wasser einrühren. Die Auberginen, waschen und putzen, dabei die Stielenden entfernen. Anschließend das Gemüse in dünne Scheiben schneiden und in die Salzlake legen.
2. Chilischoten waschen, entkernen und in dünne Streifen schneiden. Nun den Weiweinessig aufkochen lassen und die Auberginen und die Chilischoten hineingeben und bei kleiner Hitze 10 Minuten lang köcheln lassen.
3. Die Basilikumblätter und Minzblätter zupfen, abspülen und fein hacken.
4. Auberginenscheiben und Chili in die vorbereiteten Gläser geben und mit Basilikum, Petersilie bestreuen. Mit einer Kuchengabel alles flach drücken und mit dem Öl vollständig bedecken. Beim Beschichten der Gläser 1 - 2 cm Abstand zur Öffnung lassen.
5. Die Gläser verschließen und drei Wochen lang an einen kühlen und dunklen Ort ziehen lassen.

Zutatentipp

Verfeinere die Antipasto mit 2 bis 3 Knoblauchzehen, aus Auberginen, Knoblauch, Sesampaste, Olivenöl, etwas Zitronensaft und frischen Kräutern lässt sich außerdem eine hervorragende Creme herstellen, dazu schmeckt Gegrilltes und selbstgemachtes Fladenbrot.

Cremige Kräuter-Frischkäsebällchen mit Schnittlauch

Frischkäse selbst herstellen ist gar nicht so schwer, du benötigst lediglich Joghurt und Salz. Die Molke, die bei der Herstellung entsteht ist zudem gesund und eignet sich hervorragend als Zutat für Shakes und Smoothies.

Benötigte Zutaten

500 g Joghurt, griechisch (10 % Fett)
Schnittlauch
1 Prise Himalayasalz
Thymian
Rosmarin
Pfefferkörner
Sonnenblumenöl

Benötigtes Material

Schüssel
Schale
Sieb
Mulltuch oder Käsetuch
Frischhaltefolie
Kugelausstecher oder Löffel
5 Einweck-Gläser
mit je 200 ml Fassungsvermögen

Aufwand

1. Den Joghurt mit dem Salz verrühren. Passendes Sieb über eine Schüssel hängen. Das Sieb mit einem sauberen Mulltuch auslegen. Den Joghurt in das mit dem Tuch ausgelegte Sieb geben, Oberfläche mit Frischhaltefolie abdecken. Das Tuch darüber falten und verschließen.
2. Schüssel mit Sieb in den Kühlschrank stellen und die entstehende Molke für 24 Stunden abtropfen lassen.
3. Am nächsten Tag die Mischung durchkneten und erneut im Kühlschrank 12 Stunden lang abtropfen lassen.
4. Den Schnittlauch waschen, trocken tupfen, klein schneiden und in eine Schale geben. Mit einem Kugelausstecher aus der Frischkäsemasse gleichgroße Bällchen formen, in Schnittlauch wenden und in die vorbereiteten Gläser geben.
5. Nach persönlichem Belieben ein paar Zweige Thymian und Rosmarin mit in die Gläser geben, mit Pfeffer würzen und mit dem Olivenöl auffüllen. Im Kühlschrank lagern.

Zutatentipp

Frischkäsebällchen lassen sich mit allerlei Kräutern, Gewürzen und Nüssen kombinieren, experimentiere doch einmal mit schwarzem Sesam, fein gehakten Pistazien, Chiliflocken oder Mandelblättchen.

Würzige Artischocken mit Thymian und Rosmarin

Artischocken gelten in der italienischen Küche als äußerst beliebt, zahlreiche Gerichte lassen sich aus der Frucht zubereiten. Eingelegt in Olivenöl sind frische Artischocken besonders köstlich. Verwende bei diesem Rezept kleine Artischocken, die sogenannten Carciofini. Dazu passen frisches Brot oder Baguette und feine selbstgemachte Dips mit Knoblauch.

Benötigte Zutaten

- 10 Artischocken
- 2 Zwiebeln
- 2 Knoblauchzehen
- 1 Bio-Zitrone
- 110 ml Weißweinessig
- 100 ml Olivenöl
- 2 Zweige Rosmarin
- 2 Zweige Thymian
- Pfeffer, schwarz
- Meersalz

Benötigtes Material

- Kochtopf
- 2 Schüsseln
- 4 Einweck-Gläser mit 200 ml Fassungsvermögen

Aufwand

1. Die Artischocken putzen, dünn schälen, halbieren. Die Zitrone heiß abwaschen, Schale fein abreiben und den Saft auspressen. Die Zwiebeln schälen und in Würfel schneiden,
2. Nun 500 ml Wasser mit dem Zitronensaft und der Zitronenschale vermischen und die Artischocken hineinlegen. 100 ml Essig mit einem Liter Wasser, den Zwiebelwürfeln, etwas Pfeffer, Salz und Rosmarin aufkochen lassen.
3. Die Artischocken aus dem Zitronensaft nehmen und abtropfen lassen, nun die Früchte mit dem Essigsud in einen Kochtopf geben und 25 Minuten lang auf mittlerer Hitze garen. Artischocken anschließend abtropfen lassen
4. Knoblauch schälen und fein hacken. Das Olivenöl, mit dem Knoblauch, Thymian und Rosmarin auf 80 ° C erhitzen.
5. Die Artischocken in die vorbereiten Gläser geben mit dem Olivenöl und den Gewürzen vollständig bedecken. Die Gläser verschließen, kühl und dunkel lagern.

Zutatentipp

Auch mittelgroße Artischocken eignen sich zum Einlegen in Öl, für die Zubereitung die Früchte achteln, etwa 8 Minuten garen und dann weiterverarbeiten.

Herzhaftes Cashew-Curry-Mus mit Macadamianuss

Nüsse und Hülsenfrüchte sind besonders bei Veganern und Vegetariern beliebt. Mit diesem leckeren Cashew-Curry-Mus kannst du zahlreiche Speisen wie Suppen, Dressings oder Müsli verfeinern. Mit etwas Zimt schmeckt das Mus ebenso als Zutat in Smoothies und Desserts.

Benötigte Zutaten

850 g Bio-Cashewnüsse
150 g Bio-Macadamianüsse
Etwas Currypulver
100 ml Nussöl (z. B. Walnuss, Erdnuss)

Benötigtes Material

Küchenmaschine
Einfülltrichter
5 Einweck-Gläser
mit je 200 ml Fassungsvermögen

Aufwand

1. Die Cashew- und Macadamianüsse auf einem mit Backpapier ausgelegten Backblech verteilen und bei 180°C (Ober- und Unterhitze) für 15 Minuten im Ofen anrösten lassen. Die Nüsse aus dem Ofen nehmen, sobald sie eine goldbraune Farbe bekommen und auskühlen lassen.
2. Die Cashew- und Macadamianüsse unter Zugabe des Öls mit dem Mixer zu einer homogenen Masse pürieren.
3. Das Mus nach Belieben mit etwas Currypulver abschmecken und in die vorbereiten Gläser füllen. Auf jedes Glas etwas Nussöl geben, um eine lange Haltbarkeit zu gewährleisten. Die Gläser kühl und lichtgeschützt lagern, jedoch nicht im Kühlschrank aufbewahren.

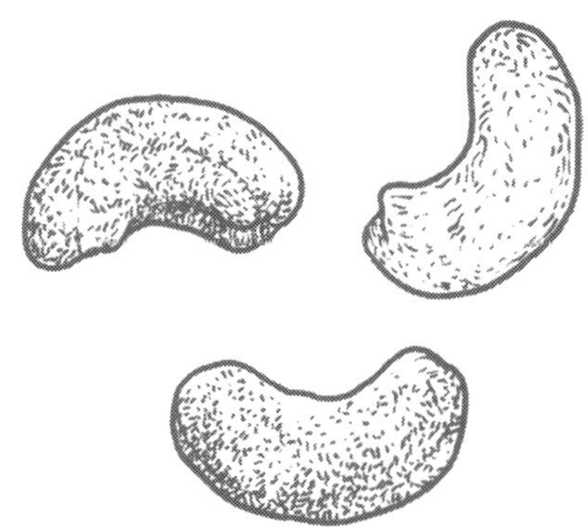

Zutatentipp

Verrühre vor dem Verzehr das Öl des Muses gut. Die Zugabe von Öl ist nicht zwangsläufig notwendig, verlängert aber die Haltbarkeit des Nussmuses.
Das Nuss-Mus kann sowohl für süße als auch für herzhafte Speisen verwendet werden. Gib ein paar Schokostücke hinzu und du erhältst einen leckeren Brotaufstrich.

Mediterrane Zucchini mit Knoblauch und Thymian

Neben eingelegten Auberginen, Artischockenherzen und getrockneten Tomaten zählen auch In Öl eingelegte Zucchinischeiben zu Anti Pasti. Sie schmecken ebenso gut als feine Vorspeise zu griechischen Salaten oder zu Fisch und Fleisch.

Benötigte Zutaten

4 Zucchini-Schoten
1 Zwiebel
2 Knoblauchzehen
250 ml Olivenöl
200 ml Weißweinessig
2 EL Salz
2 Zweige Thymian

Benötigtes Material

Kochtopf
Schüssel
Pfanne
2 Einweckgläser
mit je 500 ml Fassungsvermögen

Aufwand

1. Die Zucchini waschen, schälen und längs in 1 cm breite Scheiben schneiden. Die Zwiebel und den Knoblauch schälen und in dünne Ringe schneiden.
2. Den Weißweinessig mit 350 ml Wasser und etwas Salz aufkochen. Die Zucchinischeiben 1 bis 2 Minuten darin kochen lassen und dann abseihen und gut abtropfen lassen.
3. Thymian abspülen, trocknen und zupfen. Die Zucchinischeiben in der Pfanne goldgelb andünsten und anschließend mit dem Knoblauch, Zwiebel und Thymian in die vorbereiteten Gläser schichten.
4. Mit Öl bedecken, die Gläser gut verschließen und kühl lagern.

Zutatentipp

Mit ein, zwei Chilischoten verleihst du der feinen Vorspeise zusätzlich eine angenehme Schärfe. Vermenge Aubergine, Champignons, Paprika und getrocknete Kräuter mit Kräuteröl und backe es für 20 Minuten im Backofen, mit den Zucchinischeiben erhältst du ein leckeres Anti-Pasto.

Fruchtige Cherrytomaten mit frischen Kräutern

Tomaten in Öl einzulegen ist recht unkompliziert, im Grunde eignet sich hierfür jede Tomatensorte. Frische Tomaten mit hochwertigem Olivenöl, Chili und Knoblauch und feinen Kräuter sorgen für ein würzig-fruchtiges Aroma und sind eine leckere Beilage und Grundlage für viele Speisen.

Benötigte Zutaten

1 kg Cherrytomaten
3 Zweige Rosmarin
3 Zweige Basilikum
3 Zweige Thymian
3 Chilischoten
3 Knoblauchzehen
250 ml Olivenöl
150 ml Rotweinessig
Pfeffer
Salz

Benötigtes Material

Kochtopf
2 Einweckgläser
mit 500 ml Fassungsvermögen

Aufwand

1. Die Tomaten waschen und trocken tupfen, anschließend den Strunk und die Kerne entfernen.
2. Knoblauch schälen, die Chilischoten waschen und längs einschneiden.
3. Die Cherrytomaten mit einem Liter Wasser und dem Essig, etwas Salz und Pfeffer für etwa 15 bis 20 Minuten bei mittlerer Hitze köcheln lassen. Die Tomaten anschließend gut abtropfen lassen
4. Die Kräuter abspülen und trocken tupfen. Die Kräuter, den Knoblauch und die Chilischoten auf die vorbereiteten Gläser verteilen und die Tomaten einschichten.
5. Das Gemüse mit Öl bedecken und die Gläser gut verschließen. An einem kühlen und lichtgeschützten Ort lagern. Die Tomaten sollten etwas zwei Wochen lang ziehen.

Zutatentipp

Die Tomaten schmecken hervorragend zu Käse, Salaten, aber auch zu Rührei und Pasta, püriert und mit Parmesan und Pinienkernen dienen sie außerdem als feines Pesto.

Steinpilze mit frischen Kräutern in Weißwein

Es sind oft die einfachen Dinge, die dem Gaumen am besten schmeicheln. Dieses feinen in Öl eingelegten Steinpilze, verfeinert mit Weißwein, Basilikum und Petersilie schmecken hervorragend zu Pasta- und Reisgerichten, aber auch zu Brot und Baguette.

Benötigte Zutaten

1 kg Steinpilze
1 Zwiebel
2 Knoblauchzehen
250 ml Olivenöl, kaltgepresst
250 ml Weißwein, trocken
500 ml Weißweinessig
½ Bund Petersilie
½ Bund Basilikum
Schwarze Pfefferkörner
Meersalz

Benötigtes Material

Kochtopf
Schaumlöffel
3 Einweck-Gläser
mit 500 ml Fassungsvermögen

Aufwand

1. Die Steinpilze putzen und halbieren oder vierteln. Kleine Pilze im Ganzen lassen. Den Knoblauch und die Zwiebel schälen und in Würfel schneiden. Die Kräuter abspülen, trocken tupfen und fein schneiden.
2. Weißwein mit dem Weinessig vermischen, die Zwiebel, den Knoblauch und die Kräuter dazugeben und die Mischung mit etwas Salz und Pfeffer aufkochen lassen.
3. Nun die Steinpilze dazugeben und bei mittlerer Hitze etwa 3 bis 5 Minuten lang kochen lassen. Anschließend die Pilze mit einem Schaumlöffel herausholen und in die vorbereiteten Gläser geben. Die Kräuter dazugeben.
4. Nun den Sud erneut aufkochen lassen und über die Pilze gießen, das Öl nun auf die Gläser aufteilen und über die Pilze geben, so dass das Gemüse vollständig bedeckt ist. Die Gläser fest verschließen und dunkel und kühl aufbewahren.

Zutatentipp

Anstatt der Steinpilze kannst du auch andere Pilze oder unterschiedliche Pilzsorten verarbeiten. Dazu schmeckt Tagliatelle, diese nach Packungsanleitung kochen und mit etwas Butter servieren.

Würziges Bärlauch-Pesto mit Sonnenblumenkernen

Pestos sind wahnsinnig vielseitig, mit nur wenigen frischen Zutaten lassen sich sowohl würzige und ausgefallene als auch süße Varianten kreieren. Italienisches Pesto wird übrigens traditionell im Mörser hergestellt, du kannst natürlich auch einen Pürierstab oder die Küchenmaschine verwenden. Dieses Bärlauch-Pesto schmeckt hervorragend zu Gnocchi.

Benötigte Zutaten

200 g Bärlauch
50 g Pecorino-Käse
1 Bund Basilikum
20 g Sonnenblumenkerne
200 ml Sonnenblumenöl
Salz
Pfeffer

Benötigtes Material

Pürierstab
hohes Gefäß

Aufwand

1. Die frischen Bärlauchblätter waschen, trocken tupfen und in feine Streifen schneiden.
2. Die Sonnenblumenkerne kurz in der Pfanne ohne Fett goldbraun andünsten. Den Parmesan fein reiben. Basilikum waschen, trocken schütteln und zupfen.
3. Zuerst die Sonnenblumenkerne in eine hohe Schüssel geben und pürieren. Abschließend den Bärlauch, Basilikumblätter, Pecorino-Käse, Rapsöl und etwas Salz ebenfalls pürieren.
4. Die Masse sollte sämig sein, ggf. noch etwas Öl dazugeben. Mit Salz und Pfeffer abschmecken und servieren. Im Kühlschrank hält sich das Pesto etwa 14 Tage lang.

Zutatentipp

Alternativ zu Sonnenblumenöl kannst du auch Olivenöl oder Kürbiskernöl verwenden. Verfeinere das Bärlauch-Pesto mit mediterranen Kräutern zum Beispiel Salbei und Thymian oder etwas Petersilie.

Feines Rucola-Zitronen-Pesto mit Haselnuss und Minze

Im Sommer ist die Saison des Rucola, die Salatblätter der Pflanze schmecken stark aromatisch und erinnern ein wenig an den Geschmack von Walnuss und Kresse. Das selbstgemachte Rucola-Pesto passt besonders gut zu geröstetem Baguette oder Tomaten.

Benötigte Zutaten

250 g Rucola
1 Bio-Zitrone
70 g Haselnüsse, gehackt
70 g Parmesan-Käse, frisch gerieben
10 Blätter Minze
200 ml Walnussöl
Meersalz

Benötigtes Material

Pürierstab
hohes Gefäß

Aufwand

1. Die Haselnüsse kurz in einer Pfanne ohne Fett kurz anrösten. Rucola und Minze waschen, trocken schütteln. Die Zitrone heiß abwaschen, trocknen, Zitronenschale fein abreiben und den Saft auspressen.
2. Den Parmesan fein reiben. Die Haselnüsse, die Kräuter, Zitronenschale und etwas Zitronensaft sowie den Parmesan mit dem Walnussöl fein pürieren.
3. Etwas Salz dazugeben. Den Rucola waschen, trocken schütteln. Stiele entfernen und fein hacken. Anschließend unter das Pesto geben. Pesto servieren oder und kühl stellen. Im Kühlschrank hält es sich eine Woche lang.

Zutatentipp

Verfeinere die würzige Speise mit gemahlener Chili-Schote und Knoblauch und das Pesto erhält eine besonders scharfe Note.

Grünes Basilikum-Avocado-Pesto mit Minze & Walnuss

Basilikum-Pesto gilt als Klassiker unter den italienischen Würzsoßen, mit Avocado, Minzblättern und gehackten Walnüssen erhält das grüne Pesto einen besonders frischen und cremig-nussigen Geschmack.

Benötigte Zutaten

1 Avocado, reif
3 Knoblauchzehen
30 g Walnusskerne, gehackt
2 EL Olivenöl
½ Bund Basilikum
½ Bund Minze
50 g Pecorino-Käse
1 EL Aceto balsamico
Salz
Pfeffer, schwarz

Benötigtes Material

Pürierstab
hohes Gefäß

Aufwand

1. Die Avocado halbieren, den Kern entfernen und das grüne Fruchtfleisch in ein hohes Gefäß geben.
2. Basilikum und Minze waschen, trocken tupfen, zupfen und fein schneiden. Den Knoblauch schälen und fein hacken.
3. Basilikum, Minze, Knoblauch und Walnusskerne zur Avocado geben und fein pürieren. Olivenöl, Balsamico und Pecorino dazugeben und zu einer gleichartigen Masse verarbeiten. Mit Salz und Pfeffer abschmecken und servieren.

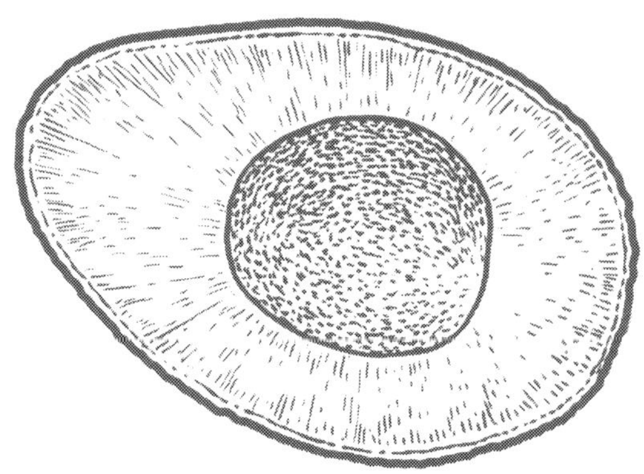

Zutatentipp

Für eine vegane Variante verzichte auf den Käse und gib ein paar Hefeflocken, einen Schuss Mandeldrink und 2 EL Cashewmus dazu.

Wildkräuter-Pesto mit Kürbiskernen

An Wegesrändern, Wäldern, in Gärten oder Wiesen finden sich oft essbare Kräuter. Sie enthalten wertvolle Vitamine und wir können sie für die Zubereitung unserer Speisen nutzen, zum Beispiel für ein Pesto oder Salate. Frische Kräuter mit Öl und Parmesan lassen sich im Handumdrehen zu einem feinen Wildkräuter-Pesto verarbeiten.

Benötigte Zutaten

50 g Brennnessel
50 g Löwenzahn
50 g Sauerampfer
50 g Giersch
Kürbiskerne
2 Knoblauchzehen
100 ml Distelöl
5 EL Parmesan
Salz
Pfeffer
Muskat

Benötigtes Material

ggf. Pürierstab
hohes Gefäß
Knoblauchpresse

Aufwand

1. Die Kräuter waschen, trocken tupfen und fein hacken. Die Kürbiskerne mahlen. Den Knoblauch schälen und durch die Knoblauchpresse geben.
2. Nun die Wildkräuter und die Kürbiskerne mit dem Öl verrühren, Parmesan dazugeben und mit Salz, Pfeffer und Muskat abschmecken. Nach Belieben ein paar Tropfen Zitronensaft dazugeben.
3. Das Pesto zu Pasta, Brot oder Kartoffeln servieren. Im sterilisierten Einweck-Glas ist es gut gekühlt etwa 2 Wochen lang haltbar. Die Haltbarkeit lässt sich verlängern, wenn du den Käse erst kurz vor dem Servieren dazugibst.

Zutatentipp

Anstatt der oben angegebenen Kräuter kannst du natürlich auch andere frische und junge Wildkräuter verwenden, zum Beispiel Spitzwegerich und Schafgarbe. Wenn du dir unsicher beim Erkennen der Kräuter bist, kann vielleicht eine Kräuterwanderung für Klarheit sorgen.

10.

Dörren und Trocknen

Das »Dörren« gilt als die älteste, bekannte Methode, um Lebensmittel zu konservieren, zu den am geläufigsten getrockneten Lebensmitteln gehören wohl der luftgetrocknete Serano-Schinken und Rosinen.

Dörren kannst du sowohl im Backofen oder mit einem speziellen Dörrgerät. Damit der Vorgang möglichst schonend erfolgt, sollte die Temperatur möglichst gering und die Trocknungsdauer so kurz wie möglich gehalten werden. Je nach Lebensmittel wird bei Temperaturen zwischen 30 ° und 70 ° C zu einer Dauer von 6 bis 12 Stunden lang gedörrt. Durch die Erwärmung und Luftzirkulation wird den Lebensmitteln Wasser entzogen und schädliche Mikroorganismen verlieren dadurch ihre Lebensgrundlage. Im Gegensatz zum Trocknen ist Dörren eine künstliche Art, um Lebensmittel zu trocknen. Fast alle Gemüse- und Obstsorten eignen sich zum Dörren. Zum Beispiel, Tomaten, Bananen oder Pilze. Auch Kräuter wie Rosmarin und Thymian können gut gedörrt oder getrocknet werden.

Bei der Konservierungsart »Trocknen« kommen keine künstlichen Energiequellen oder Technik zum Einsatz. Es ist jedoch wichtig, dass die Luft an dem Ort, an dem getrocknet wird; warm, trocken, staubfrei und in andauernder Zirkulation ist.

Knusprige Apfel- und Bananenchips

Gesunde Chips aus frischem Obst kannst du in wenigen Schritten selbst herstellen. Getrocknete Apfel- und Bananenscheiben passen hervorragend zu Müslis und Desserts, sie sind auch ein leckerer Snack für Zwischendurch. Achte darauf, dass du die Obstscheiben weder zu dick noch zu dünn schneidest, denn dünne Scheiben brechen leichten beim Trocknen und Dörren. Bei sehr dicken Apfel- oder Bananenscheiben verlängert sich die Trockenzeit. Es empfiehlt sich, das Obst etwa 2 bis 5 mm dünn zu schneiden.

Benötigte Zutaten

Bananen, reif
Äpfel
Bio-Zitrone

Benötigtes Material

Einweck-Glas
Dörrgerät oder Backofen
Backofenthermometer
Holzkochlöffel

Aufwand

1. Die Äpfel waschen, ggf. schälen, das Kerngehäuse entfernen und die Früchte in dünne Scheiben schneiden.
2. Die Bananen von der Schale befreien. Faule Stellen herausschneiden und die gelben Früchte in dünne Scheiben schneiden. Je dünner die Obstscheiben geschnitten werden, desto knackiger schmecken später die Obstchips. Die Apfel- und Bananenscheiben nun mit etwas Zitronensaft beträufeln.
3. Steht kein Dörrgerät zur Verfügung dann die Obstscheiben auf das Dörrgitter oder das Backofengitter legen und bei 70° bis 80° C im Backofen für 6 bis 8 Stunden trocknen lassen. Die Backofentür leicht geöffnet lassen und einen Holzkochlöffel zwischen die Ofentür klemmen, alternativ ein Mal pro Stunde die Backofentür öffnen und den Dampf abziehen lassen.
4. Die Obstchips am besten in Gläsern oder Zipptüten aufbewahren und luftdicht verschließen. An einem dunklen und lichtgeschützten Ort lagern. Die Obstchips halten sich mehrere Wochen lang.

Zutatentipp

Bananen- oder Apfelchips eignen sich hervorragend, um Muffins und Kuchen zu verzieren, gemahlen sind sie auch eine feine Kuchenfüllung. Doch die Obstchips passen ebenso gut zu einem herzhaft-würzigem Wrap.

Getrocknete Feigen

Feigen sind sehr gesund, sie enthalten viele Vitamine und Ballaststoffe. Unter Sportlern sind sie auch als schneller Energielieferant bekannt. Bei sehr warmen Temperaturen können die Früchte sogar im Freien getrocknet werden.

Benötigte Zutaten

Feigen, reif

Benötigtes Material

Einweck-Glas
Dörrgerät oder Backofen
Backofenthermometer
Holzkochlöffel

Aufwand

1. Die Feigen gründlich waschen, trocken tupfen und je nach Belieben halbieren, vierteln oder in Scheiben schneiden. Die vorbereiteten Feigen dann mit ausreichend Abstand auf das Dörrgitter oder das Backofengitter legen.
2. Bei 50 ° C für 10-20 Stunden im Dörrautomaten oder im Backofen bei Umluft trocknen lassen. Aller zwei Stunden die Früchte wenden.
3. Die fertig getrockneten Feigen in einem verschlossenen Glas aufbewahren, trocken und lichtgeschützt lagern.

Zutatentipp

Mit getrockneten Feigen kannst du ein schmackhaftes Früchtebrot oder einen Früchtekuchen herstellen. Für ein Früchtebrot mit getrockneten Feigen und Datteln, vier Eier schaumig rühren, dazu einen Schuss Rum-Aroma und Ahornsirup geben. 200 g Vollkornmehl mit einem halben Päckchen Backpulver und einer Prise Zimt vermischen, zur Ei-Masse geben und unterrühren. Die Feigen und Datteln klein schneiden und mit gehackten Walnüssen und etwas feingeschnittenen Orangeat unterheben. Den Teig in eine gefettete Backform geben und bei 160 ° C eine Stunde lang backen.

Bunter Pilzmix mit feinen Kräutern

Frische gesammelte Pilze halten sich leider nicht besonders lang. Gedörrt oder getrocknet bereiten sie jedoch auch im Winter oder im Herbst als Einlage in einer cremigen Suppe oder als Zutat im Salat Freude. Gut geeignet zum Dörren und Trocknen sind zum Beispiel Steinpilze, Pfifferlinge, Austernpilze, Champignons und Shiitake Pilze.

Benötigte Zutaten

750 g Pilze, frisch
3 Zweige Thymian
2 Zweige Rosmarin

Benötigtes Material

Einweck-Glas
Dörrgerät oder Backofen
ggf. Küchenpapier oder Pinsel
Küchengarn
Backofenthermometer
Holzkochlöffel

Aufwand

1. Die Pilze putzen, am besten mit einem Pinsel oder Küchenpapier und in gleichmäßige, dünne Scheiben schneiden (etwa 2 mm).
2. Die Kräuter abspülen, trocken tupfen und mit etwas Garn zu einem Strauß zusammenbinden.
3. Den Backofen auf 80° C Umluft einschalten. Die Pilzscheiben auf dem Backbleck platzieren, den Kräuterstrauß an den Rand legen. Die Ofentür leicht geöffnet lassen, am besten einen Holzkochlöffel dazwischen klemmen.
4. Die Pilze etwa 2 bis 4 Stunden lang im Backofen trocknen. Im Dörrgerät bei 50° C etwa 3 bis 4 Stunden lang dörren und währenddessen mehrfach wenden. Die Kräuter sind bereit nach 1 bis 2 Stunden fertig getrocknet und können herausgenommen werden.
5. Die Pilze und die Kräuter abkühlen lassen und im Glas trockenem und lichtgeschützt lagern.

Zutatentipp

Getrocknete Pilze schmecken hervorragend zu Risotto, lass hierfür eine Handvoll der getrockneten Pilze zunächst in Wasser einweichen. Brate ein paar Zwiebelwürfel mit dem Reis und etwas Olivenöl an und lösche das Risotto mit einem Schuss Weißwein ab. Nun die Pilze in dem Wasser und etwas Gemüsebrühe dazu geben. Das Pilzrisotto mit Salz, Pfeffer und Parmesan abschmecken, guten Appetit!

Aromatisches Gewürz aus Chilischoten und Peperoni

Peperoni- und Chilischoten zu Trocknen geht im Backofen am Schnellsten, die getrockneten Schoten kann man dann auch zu Chiliflocken oder -pulver verarbeiten. Besonders gut sind Cayenne-Chilischoten geeignet. Schoten, die über dickes Fruchtfleisch verfügen benötigen etwas länger Zeit zum Trocknen. Bei der Zubereitung der scharfen Chilischoten empfiehlt es sich Handschuhe und einen Mund- und Augenschutz zu tragen.

Benötigte Zutaten

Chilischoten, frisch
Peperoni, frisch

Benötigtes Material

Einweck-Glas
Dörrgerät oder Backofen
Küchenpapier
Backofenthermometer
Holzkochlöffel

Aufwand

1. Die gewünschte Menge an Chilischoten und Peperoni waschen und mit Küchenpapier trocken tupfen. Stiele und Enden entfernen. Große Schoten halbieren und auf einem Backblech platzieren.
2. Die Chilischoten und Peperoni bei 50 °C im Backofen für 8 bis 10 Stunden trocknen lassen.
3. Schoten am besten in Gläsern aufbewahren, luftdicht verschließen und an einem trocknen und lichtgeschützten Ort lagern.

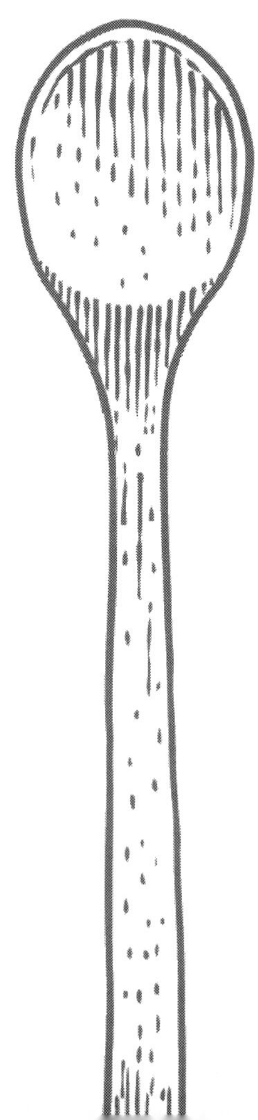

Zutatentipp

Für die Herstellung von Chiliflocken, ein paar getrockneten Chilischoten in einen Mörser oder eine Kaffeemühle geben und fein mahlen. Das gemahlene Pulver in einer dekorativen Gewürzdose aufbewahren. Die getrockneten Schoten eignen sich besonders ut zur Verwendung in Eintöpfen oder Currys.

11.

Soßen, Dips und Sirup

Herzhaft-würzige, pikante und fruchtig-süße Dips oder Soßen einzukochen, ist dem Einkochen von Püree und Mus sehr ähnlich. Mit nur wenigen Zutaten und Arbeitsschritten kannst du ausgefallene, aromatisierte Senfsorten, würzige Pasta-Soßen und fruchtige Dips einkochen. Du kannst auch größere Mengen auf Vorrat einkochen, in sterilisierte Gläser abfüllen und damit die Haltbarkeit verlängern.

Mit selbstgemachtem Sirup erhältst du eine schmackhafte Basis für Limonaden und erfrischende Drinks. Der Sirup kann sowohl aus Fruchtsaft frischer Beeren oder Zitrusfrüchte oder einem Sud aus Kräutern und Extrakten hergestellt werden. Hierfür werden die Früchte und Kräuter mit dem passenden Verhältnis an Zucker und Zitronensaft vermengt, aufgekocht und gegebenenfalls püriert, so dass eine süße, aromatische und dickflüssige Konsistenz entsteht. Der fertige Sirup wird in saubere Flaschen abgefüllt und kühl gelagert. Die selbstgemachten Dips, Soßen und Sirup eignen sich zum Verfeinern von zahlreichen Gerichten und du kannst auf unnötige Zusatzstoffe verzichten.

Hagebutten-Ketchup mit Chili

Wird von Ketchup gesprochen, dann denken die meisten Menschen an die beliebte Würzsoße aus Tomaten, Zucker und Essig. Dabei muss Ketchup längst nicht nur aus Tomaten bestehen, wie wäre es einmal mit einer selbstgemachten Würzsoße aus Hagebutten und Chili? Das schmackhafte Ketchup ist vielseitig einsetzbar und passt besonders gut zu Käseplatten, Pasta und Fleisch, aber auch zu frischem Brot.

Benötigte Zutaten

- 500 g Hagebuttenmus
- 2 Zwiebeln
- 1 Knoblauchzehe
- 150 g Honig
- 2 TL Rapsöl
- 100 ml weißer Balsamico
- Chiliflocken
- Pfeffer
- Salz

Benötigtes Material

- Kochtopf
- Pürierstab
- 3 Einweck-Gläser oder Flaschen mit 250 ml Fassungsvermögen

Aufwand

1. Den Knoblauch und die Zwiebeln schälen und in feine Würfel schneiden. Die Zwiebel- und Knoblauchwürfel in etwas Öl glasig andünsten.
2. Das Hagebuttenmus, den Balsamico und den Honig dazugeben und die Soße aufkochen lassen. Etwa 15 Minuten lang auf kleiner Flamme köcheln lassen und dabei gelegentlich umrühren.
3. Das Ketchup nun fein pürieren und mit Chili, Salz und Pfeffer abschmecken. Nach Bedarf noch etwas Honig, Balsamico oder Kurkuma hinzugeben.
4. Sofort in die vorbereiteten Gläser oder Flaschen füllen und gut verschließen. Die Gläser abkühlen lassen und an einem kühlen und lichtgeschützten Ort lagern. Dort hält es bis zu 12 Monaten.
5. Angebrochene Gläser im Kühlschrank aufbewahren und innerhalb einer Woche verbrauchen.

Zutatentipp

Noch fruchtiger wird die Würz-Soße mit einem fein geschnittenen Apfel.
Das Hagebuttenmus kannst du auch selbst herstellen die Hagebuttenkonfitüre aus dem Rezept vom Kapitel »Marmeladen und Konfitüren« verwenden. Wenn du die Hagebuttenkonfitüre nutzt, solltest du jedoch den Honig weglassen, da die Soße sonst zu süß schmecken wird.

Fruchtig-süßer Waldmeister-Sirup

Waldmeistersirup ist ein besonders beliebtes Erfrischungsgetränk bei hochsommerlichen Temperaturen. Damit das Kraut sein Aroma voll entfalten kann muss es über Nacht anwelken.

Benötigte Zutaten

30 g frischer Waldmeister
150 ml Traubensaft, weiß
750 ml Wasser
2 Bio-Zitronen
400 g Zucker

Benötigtes Material

Sieb, feinmaschig
Kochtopf
1 Einweck-Flasche
mit 1 Liter Fassungsvermögen
Einfülltrichter

Aufwand

1. Den Waldmeister waschen, trocken schleudern und für mindestens 16 Stunden lang bei Raumtemperatur anwelken lassen.
2. Die Zitronen heiß abwaschen und in dünne Scheiben schneiden.
3. Den Waldmeister in ein großes Gefäß geben, Zitronenscheiben, Zucker, Wasser und den Traubensaft dazugeben. Für zwei bis drei Tage lang durchziehen lassen und täglich umrühren.
4. Die Mischung durch ein Sieb in einen Kochtopf geben und aufkochen lassen, bei mittlerer Hitze etwa 4- 6 Minuten lang köcheln lassen.
5. Die heiße Mischung sofort in die vorbereiteten Flaschen füllen und verschließen. Bei 90 °C den Sirup im Wasserbad für etwa 30 Minuten lang einkochen lassen. Der Sirup hält sich an einem dunklen und kühlen Ort mehrere Monate lang.

Zutatentipp

Für eine besonders starke Sirupfarbe gib etwas grüne Lebensmittelfarbe dazu.
Der Sirup schmeckt sehr gut zu Mineralwasser, Sekt, Eisspeisen, Torten und in Bowle.
Für einen erfrischenden Waldmeister-Cocktail vermische 20 ml Waldmeistersirup mit 10 ml Orangenlikör, einem Schuss Limettensaft und 100 ml trockenem Sekt. Serviere den Erfrischungs-Drink mit ein paar Minzblättern und Eiswürfeln.

Estragonsenf mit Kurkuma und Honig

Estragonsenf gilt als die beliebteste Senfsorte in Österreich, Kurkuma und Estragon verleihen dem Klassiker die typisch feinherbe Note. Der feine Würzklassiker schmeckt zu Wurst und Fleisch und ist eine beliebte Zutat für Soßen und Dressings.

Benötigte Zutaten

150 g Senfkörner, gelb
8 Pfefferkörner, schwarz
50 ml Weißwein
100 ml Balsamico, weiß
½ TL Kurkuma
45 g Honig
1 EL Öl
2 TL Estragon
Meersalz

Benötigtes Material

Schüssel
Küchenmaschine
Sieb
Einweck-Gläser

Aufwand

1. Die Senf- und Pfefferkörner in eine Schüssel mit Wasser einweichen und 48 Stunden lang im Kühlschrank ruhen lassen.
2. Nach der Ruhezeit die Körner in ein Sieb geben und abtropfen lassen, mit dem Weißwein, Balsamico, Honig, Kurkuma und einer Prise Meersalz in der Küchenmaschine vermischen.
3. Den Senf mit Salz abschmecken und in die vorbereiteten Gläser geben, gut verschließen und für mindestens 24 Stunden im Kühlschrank ziehen lassen. Der fertige Estragonsenf hält sich gekühlt und dunkel gelagert, mindestens einen Monat lang.

Zutatentipp

Am besten kann der Senf sein Aroma entfalten, wenn man ihn eine Woche lang im Kühlschrank ziehen lässt. Zusätzlich verfeinert mit Orange ist der Estragonsenf ein besonderer Genuss.

Mango-Chili-Senf

Mango-Chili-Senf schmeckt besonders gut zu Gegrilltem, Käse, Brot und als Dip zu Raclette- und Fonduespeisen. Beim Mahlen der Senfkörner solltest du darauf achten, dass die Mischung nicht zu heiß wird, da der Senf sonst bitter werden kann. Es empfiehlt sich daher während des Mahlvorgangs Pausen zu machen.

Benötigte Zutaten

- 1 Mango, reif
- 50 g Senfkörner, gelb
- 1 kleine Ingwerknolle
- 1 kleine Chilischote
- 50 ml Apfelessig
- 20 ml Orangensaft
- 15 g Zucker, braun
- Zitronensaft
- Meersalz
- Pfeffer

Benötigtes Material

- Kochtopf
- Schüssel
- Küchenmaschine
- ggf. Kaffeemühle

Aufwand

1. Die Mango schälen, den Kern entfernen und das Fruchtfleisch klein schneiden. Ingwer schälen und fein schneiden. Die Senfkörner schroten. Die Chilischote waschen, Kerne entfernen und in feine Streifen schneiden.
2. Die Mangostücke, Ingwer mit den Senfkörnern und dem Chili pürieren, mit dem Apfelessig, Ingwer und einem Spritzer Zitronensaft in einen Topf geben und zum Kochen bringen.
3. Die Mischung etwa 5 Minuten lang köcheln lassen, Orangensaft und Zucker hinzugeben und für weitere 2 Minuten kochen lassen. Mit Salz und Pfeffer abschmecken.
4. Die Mischung pürieren und in die vorbereiteten Gläser füllen. Den Mango-Chili-Senf an einem kühlen und dunklen Ort lagern.

Zutatentipp

Mit Quark und etwas Basilikum lässt sich ein erfrischender Mango-Senf-Dip herstellen. Hierfür Magerquark mit einem Esslöffel Schnittlauch und beliebiger Menge Mango-Chili-Senf vermischen und zu gebratenem Fleisch oder Kartoffelspeisen servieren.

Cremiger Auberginen Dip mit Joghurt und Rosmarin

Auberginendip nennt man in den orientalischen Ländern auch Baba Ghanoush, nur wenige Zutaten sind für den cremigen Dip notwendig. Diese Variante wird mit Joghurt zubereitet und schmeckt hervorragend zu frischem Brot und Baguette, zu Gegrilltem und Feta.

Benötigte Zutaten

1 Aubergine (200 g)
1 Bio-Zitrone
170 g Joghurt
3 EL Olivenöl
Rosmarin
Pfeffer
Paprikapulver
Meersalz

Benötigtes Material

Kochtopf
Pürierstab
Gabel

Aufwand

1. Den Backofen auf 220° C Ober- und Unterhitze vorheizen. Aubergine waschen und längs halbieren. Die Hälfte mit dem Schnitt nach oben auf ein mit Backpapier ausgelegtes Backblech legen und im Backofen etwa 35 Minuten lang backen, nach 15 Minuten wenden.

2. Ist die Aubergine weich, die Frucht aus dem Ofen nehmen und abkühlen lassen. Das Fruchtfleisch entfernen.

3. Die Zitrone auspressen und den Saft mit dem Olivenöl und dem Auberginenfruchtfleisch fein pürieren. Den Joghurt dazugeben, die Mischung mit Salz, Pfeffer, Paprikapulver und Rosmarin abschmecken und sofort servieren.

4. Im Kühlschrank ist der Dip bis zu 3 Tage lang haltbar.

Zutatentipp

Anstatt Naturjoghurt eignet sich auch Sojajoghurt hervorragend, verfeinere den Dip mit frischem Schnittlauch, Dill und etwas Oregano. Magst du keinen Joghurt, dann backe mit der Aubergine eine Zwiebel und eine Knoblauchzehe im Ofen und püriere die Mischung nach dem Abkühlen.

Erfrischender Rhabarber-Erdbeer-Sirup

Frische Erdbeeren, Rhabarber, Fruchtsaft, Wasser und Zucker, mit diesen Zutaten und etwas Geduld kannst du einen feinen Fruchtsirup herstellen. Ein Schuss des Rhabarber-Erdbeer-Sirups schmeckt hervorragend zu Sekt, Cocktails oder Mineralwasser. Mit dem Sirup kannst du zudem Eis- und Quarkspeisen, Pudding oder Grießdesserts verfeinern.

Benötigte Zutaten

350 g Erdbeeren
350 g Rhabarber
1 Bio-Orange
1 Bio-Zitrone
1 Vanillestange
350 g Zucker
350 ml Wasser

Benötigtes Material

Kochtopf
Schüssel
Sieb, feinmaschig
1 Einweck-Flasche
mit 1 Liter Fassungsvermögen
Einfülltrichter

Aufwand

1. Die Erdbeeren putzen, Stiele entfernen und die Früchte halbieren. Den Rhabarber schälen und in 2 bis 3 cm große Stücke schneiden.
2. Das Mark aus der Vanilleschote herauslösen. Die Zitrone und Orange heiß abwaschen und den Saft auspressen. Die Orangenschale fein abreiben.
3. In einen angewärmten Topf die Erdbeeren, Rhabarberstücke, Orangenschale und Vanillemark geben, 350 ml Wasser dazugeben und die Mischung zum Kochen bringen. Gelegentlich umrühren und für 10 Minuten köcheln lassen.
4. Die Fruchtmasse durch ein Sieb in einen Kochtopf streichen, Zucker, Orangensaft und Zitronensaft hinzugeben und vermischen. Den Sirup nun 10 Minuten lang einkochen lassen.
5. Die heiße Masse in die vorbereiteten Flaschen füllen. Der Sirup hält ungeöffnet etwa 6 Monate lang im Kühlschrank.

Zutatentipp

Für einen cremigen Rhabarber-Erdbeerpudding, verrühre 500 ml Milch mit 3 Esslöffel Maisstärke, gib ein paar frische, geputzte Erdbeeren und etwas Rhabarber-Erdbeersirup hinzu und koche die Mischung unter Rühren auf. Die fertige Mischung in vier Dessertgläser füllen, kühlstellen und vor dem Servieren mit Erdbeeren garnieren.

Aromatisch-süßer Holunderblütensirup mit Zitrone

Für die Zubereitung des Sirups, die Holunderblütendolden am besten um die Mittagszeit ernten, sie sollten nicht gespritzt sein und vorsichtig gesäubert (nicht gewaschen!) werden. Der Sirup schmeckt zum klassischen »Hugo«, zu Cocktails und im Mineralwasser. Er eignet sich ebenso hervorragend zum Verfeinern von Desserts und Torten.

Benötigte Zutaten

18 – 20 Holunderblütendolden
1 Bio-Zitrone
12 g Zitronensäure
750 g Kristallzucker
750 ml Wasser

Benötigtes Material

Kochtopf
Sieb, feinmaschig
ggf. Mulltuch
1 Einweck-Flasche
mit 1 Liter Fassungsvermögen
Einfülltrichter

Aufwand

1. Die Zitrone heiß abspülen, trocken tupfen und in Scheiben schneiden. Holunderblüten abspülen und trocken schütteln.
2. Das Wasser mit dem Zucker in einen Kochtopf geben, aufkochen lassen und 5 Minuten lang sprudelnd kochen.
3. Topf vom Herd nehmen und die Zitronensäure dazugeben. Den Sirup nun abkühlen lassen, das ist wichtig, da die Blüten beim Übergießen mit heißem Sirup sonst ihren Geschmack verlieren.
4. Die Holunderblüten in ein hohes Gefäß geben, den Sirup und die Zitronenscheiben dazugeben.
5. An einem dunklen und kühlen Ort den Sirup nun für 48 und 72 Stunden ziehen lassen, dabei gelegentlich umrühren.
6. Den Sirup durch ein Sieb abseihen und erneut aufkochen lassen. Anschließend in die vorbereitete Flasche füllen und kühl und dunkel lagern.

Zutatentipp

Für vier Gläser Hugo je Sekt und Mineralwasser zu gleichen Anteilen in Weingläser geben, einen Schuss des Holundersirups und Eiswürfel dazugeben. Pro Glas zwei dünne Zitronenscheiben hinzugeben und die Gläser mit Minze dekorieren.

Feurige Paprika-Chili-Soße mit Mango

In der asiatischen Küche darf eine feine Chilisoße nicht fehlen, doch auch für portugiesische und mexikanische Speisen sind die scharfen Würzsoßen beliebt. Mango und Paprika verleihen der Soße dieses Rezeptes ein fruchtiges Aroma. Die Chilisoße dient als Grundlage für Gemüse, Suppen und Soßen und schmeckt hervorragend zu thailändischen Gerichten.

Benötigte Zutaten

- 10 Chilischoten, gelb
- 1 Mango
- 1 Paprikaschote, rot
- 2 Knoblauchzehen
- 1 Zwiebel, rot
- 1 TL Zucker, braun
- 2 EL Balsamico
- Kurkuma
- Himalayasalz

Benötigtes Material

- Kochtopf
- Hohes Gefäß
- Einfülltrichter
- Pürierstab
- Einweck-Gläser

Aufwand

1. Die Chilischoten und die Paprikaschote waschen, trocken tupfen, Kerne und Samenstränge entfernen. Die Schoten in feine Würfel scheiden.
2. Die Mango schälen und in Würfel schneiden. Knoblauch und Zwiebel schälen und fein schneiden.
3. Die Paprika- und Chilischotenwürfel in einen Topf geben, knapp mit Wasser bedecken und aufkochen lassen. Die Mangowürfel, Zwiebel und Knoblauch dazugeben und bei mäßiger Hitze etwa 15 bis 20 Minuten lang köcheln lassen.
4. Nun den Zucker und den Balsamico dazugeben, die Mischung mit Kurkuma und Salz abschmecken und fein pürieren. Erneut bei geringer Hitze einkochen lassen, bis die gewünschte Konsistenz entsteht.
5. Die noch heiße Paste in die vorbereiteten Gläser füllen, kühl und dunkel lagern.

Zutatentipp

Die verwendete Mango sollte reif, aber nicht zu reif sein, denn der Fruchtzucker kann die Soße sonst zu süß werden lassen. Anstatt der Mango kannst du auch einige Feigen verwenden. Diese hält sich im Kühlschrank einige Wochen lang.

Fruchtige Tomatensoße mit Zucchini

Diese feine Soße mit Tomaten und Zucchini lässt sich schnell zubereiten und schmeckt hervorragend zu Geflügel und Reis oder Pasta. Besonders Kinder werden diese Soße zu Spaghetti und Tagliatelle lieben.

Benötigte Zutaten

1 kg Tomaten
1 Zucchini
1 Zwiebel
1 Knoblauchzehe
1 Prise Zucker
Olivenöl
Apfelessig
Meersalz
Cayennepfeffer

Benötigtes Material

Kochtopf
Pürierstab
Sieb
3 Einweck-Gläser
mit 500 ml Fassungsvermögen

Aufwand

1. Die Zwiebel und den Knoblauch schälen und sehr fein würfeln. Tomaten waschen und fein schneiden. Zucchini in feine Würfel schneiden.
2. Die Tomaten in einem großen Topf mit etwas Salz kochen lassen, sobald die Tomatenstücke einkochen, die Masse fein pürieren und durch ein Sieb streichen.
3. Knoblauch und Zwiebel in der Pfanne andünsten, Zucchini dazugeben und kurz mitandünsten. Anschließend 3-4 EL Apfelessig dazugeben und die Mischung für weitere 2 Minuten kochen lassen.
4. Tomatensoße dazugeben und etwa 8 Minuten kochen lassen. Mit Cayennepfeffer und Meersalz abschmecken. Die heiße Soße in die vorbereiteten Gläser füllen, gut verschließen, abkühlen lassen und dunkel und kühl lagern.

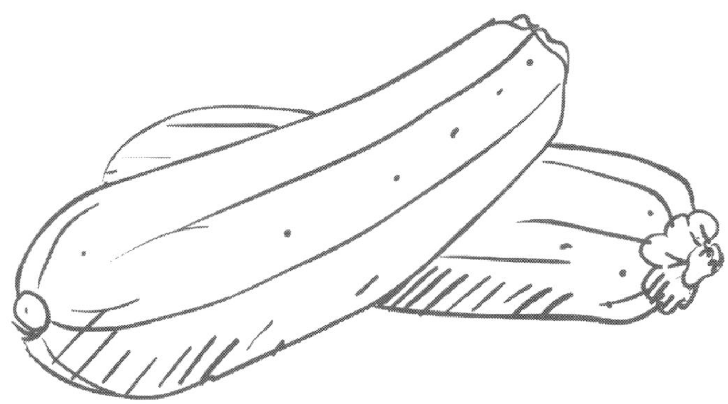

Zutatentipp

»Vollköstler« können die Soße mit Bacon-Streifen verfeinern, auch frisches Basilikum passt perfekt zur Soße. Dazu schmeckt eine selbstgemachte Kürbistagliatelle aus Hokkaido- oder Butternut-Kürbis.

Cremiger Bananen-Pfirsich-Dip mit Curry

Dieser Bananen-Pfirsich-Dip schmeckt hervorragend zu Fondue, Raclette, Salaten und Gegrilltem und lässt sich ohne großen Aufwand zubereiten. Besonders cremig wird der Dip, wenn du ihn kurz vor dem Servieren mit etwas Joghurt und einem Löffel Mayonnaise verfeinerst.

Benötigte Zutaten

300 g Pfirsiche
500 g Bananen
200 ml Weißweinessig
150 g Zucker, braun
1 TL Curry
Koriander
Chili nach Belieben

Benötigtes Material

Kochtopf
Pürierstab
Sieb
3 Einweck-Gläser
mit 500 ml Fassungsvermögen
ggf. Einfülltrichter

Aufwand

1. Die Pfirsiche schälen, entkernen und in Würfel schneiden. Die Bananen von der Schale befreien und in Scheiben schneiden.
2. Zusammen mit dem Weißweinessig und dem Zucker bei mittlerer Hitze kochen, bis die Masse eine dickflüssige Konsistenz erreicht. Mit Koriander und Chili abschmecken.
3. Sind keine Fruchtstückchen erwünscht, dann die noch heiße Masse fein pürieren und ggf. durch ein Sieb in die vorbereiteten Einweck-Gläser streichen. Den fertigen Dip abkühlen lassen und kühl und dunkel lagern.

Zutatentipp

Gib ein bis zwei Äpfel, eine Chilischote und 150 g Rohrzucker dazu und verarbeite den Dip zu einem würzigen Chutney. Dieses schmeckt zu Salaten, Dressings und Fleischgerichten.

Lavendelsirup mit Minze

Aus frischen Lavendelblüten lässt sich ein schmackhafter Sirup zaubern. Die Blüten solltest du nur pflücken, wenn es nicht geregnet hat. Lavendelsirup hat ein starkes Aroma und kann daher sparsam dosiert werden. Der Sirup verfeinert nicht nur Drinks, er sorgt auch für Geschmack und schmeckt daher fantastisch in Mineralwasser oder zu eisgekühltem Prosecco.

Benötigte Zutaten

20 Lavendelstiele
(200 bis 250 Lavendelblüten)
1 -2 Zweige Minze
1 Bio-Zitrone
12 g Zitronensäure
1,5 Liter Wasser
1 kg Bio-Zucker

Benötigtes Material

Kochtopf
Sieb, feinmaschig
4 Einweck-Flaschen
mit 500 ml Fassungsvermögen
Einfülltrichter

Aufwand

1. Die Lavendelblüten von den Stielen befreien und vorsichtig säubern. Die Minze-Zweige waschen und gut abtropfen lassen.
2. Das Wasser mit dem Zucker aufkochen lassen und so lange kochen, bis der Zucker sich auflöst. Zucker-Sirup abkühlen lassen.
3. Die Zitrone heiß abwaschen und in dünne Scheiben schneiden. Die Zitronenscheiben, die Lavendelblüten, die Minze und die Zitronensäure zu den Zuckermischung geben.
4. Den Sirup mindestens zwei bis Tage lang an einem kühlen Ort, abgedeckt ziehen lassen.
5. Nun den Sirup durch ein Sieb abseihen, erneut aufkochen lassen und noch heiß in die vorbereiteten Flaschen füllen, gut verschließen und kühl lagern.

Zutatentipp

Je länger der Sirup ziehen darf, umso intensiver wird der Geschmack, die Minzblätter können daher auch je nach gewünschter Intensität dosiert werden. Wer sich unsicher mit dem Aroma ist, kann zunächst eine geringere Menge an Sirup ansetzen. In kleine hübsche Fläschchen abgefüllt und dekoriert ist der Sirup ein ideales Geschenk für Verwandte und Freunde.

Fruchtiger Waldbeeren-Sirup mit Limette

Dieses Sirup-Rezept ist besonders unkompliziert, bereits nach 45 Minuten kannst du den fruchtigen Sirup genießen. Mit frisch geernteten Beeren schmeckt der Sirup natürlich am besten, aber er lässt sich auch mit tiefgekühlten Beeren zubereiten. Ob aufgespritzt mit Wasser, zu Pancakes, Milchreis oder cremigen Eisspeisen, der Beerensirup schmeckt hervorragend in zahlreichen Getränken, an Müsli und zu Desserts.

Benötigte Zutaten

200 g Heidelbeeren
200 g Johannisbeeren
200 g Himbeeren
150 g Zucker, braun
300 g Honig
1 Bio-Limette
1 Liter Wasser

Benötigtes Material

Kochtopf
4 Einweck-Flaschen
mit 500 ml Fassungsvermögen
Einfülltrichter
Pürierstab
Sieb, feinmaschig

Aufwand

1. Die Beeren verlesen, putzen, die Stiele entfernen und die Früchte abspülen. Die Limette auspressen und den Saft auffangen. Die Beeren mit dem Pürierstab kurz pürieren.
2. Alle Beeren nun in einen Kochtopf geben, das Wasser, den Zucker und den Limettensaft dazugeben und bei geringer Hitze für 45 Minuten köcheln lassen.
3. Den noch heißen Sirup durch ein feinmaschiges Sieb geben und in die vorbereiteten Flaschen füllen. Abkühlen lassen und kühl und dunkel lagern, am besten im Kühlschrank.

Zutatentipp

Erdbeeren und Brombeeren eignen sich ebenso gut für die Zubereitung des Fruchtsirups. Für einen winterlichen Beerensirup lasse die Limette weg und koche die Beeren mit Vanilleschoten, Zimt und Nelken auf. Dieser Beerensirup bietet eine ideale Basis zu Punsch und schmeckt hervorragend in wärmenden Tees.

Birnen-Meerrettich

Dieser feine Birnen-Meerrettich schmeckt besonders gut zu geräuchertem Fisch, aber auch zu kaltem Braten. Meerrettich ist sehr gesund aber Vorsicht, die frische Wurzel ist sehr scharf! Daher empfiehlt es sich bei der Zubereitung den Meerrettich bei offenem Fenster zu schälen und zu reiben. Alternativ kannst du Meerrettich aus dem Glas nutzen.

Benötigte Zutaten

600 g Birne, reif
60 g Honig, mild
50 g Meerrettich
80 g Apfelessig
Salz

Benötigtes Material

Kochtopf
4 Einweck-Gläser
mit 200 ml Fassungsvermögen
ggf. Einfülltrichter
Reibe

Aufwand

1. Die Birnen waschen, schälen, vierteln und das Kerngehäuse entfernen.
2. Die geviertelten Birnen mit dem Honig in einen Topf geben und zum Kochen bringen. Nun den Apfelessig und eine Prise Salz hinzugeben. Die Mischung bei mäßiger Hitze für 35 Minuten köcheln lassen.
3. Den Meerrettich schälen, sehr fein reiben und unter die Birnenmasse rühren.
4. Nun den fertigen Birnen-Meerrettich in die vorbereiten Gläser füllen, sofort verschließen und bei 90° C für 30 Minuten einkochen lassen. Der eingekochte Meerrettich ist etwa 6 Monate lang haltbar.

Zutatentipp

Verfeinere den Meerrettich kurz vor dem Servieren mit etwas Sahne. Den Meerrettich mit Gewürznelken und Piment aufzukochen, sorgt zusätzlich für eine pikant-würzige Note.

Bärlauchsenf

Dieser würzige Bärlauchsenf schmeckt hervorragend zu Grillfleisch und als feines Würzmittel in Dressing, Marinade, Dips und eingelegten Gemüse. Damit das Mahlen der Senfkörner leichter von der Hand geht, empfiehlt es sich, die Körner vorher einzufrieren. Beim Mahlen solltest du darauf achten, dass die Körner nicht über 30 Grad erhitzen. Wenn es schneller gehen soll, kann man auch fertiges Senfmehl verwenden.

Benötigte Zutaten

300 g Bärlauch
200 g Senfkörner, gelb
90 g Zucker
250 ml Weißweinessig
150 ml Wasser
1 Prise Salz

Benötigtes Material

Kochtopf
Schüssel
Küchenmaschine oder Blitzhacker
Kaffeemühle
Einweck-Gläser

Aufwand

1. Die Senfkörner portionsweise in der Kaffeemühle mahlen. Die gemahlenen Senfkörner mit Zucker und einer Prise Salz mischen.
2. Den Bärlauch waschen, trocken schleudern, grob schneiden und mit einem Blitzhacker fein hacken.
3. Die Senfmehlmischung, den Weißwein und das Wasser nach und nach dazugeben und vermixen.
4. Die Masse für mindestens 12 Stunden bei Raumtemperatur fermentieren lassen und zwischendurch gelegentlich umrühren. Die Konsistenz des Senfes wird fester, wenn sie zu fest sein sollte, noch etwas Wasser oder Wein dazugeben.
5. Den Senf erneut umrühren und in die vorbereiteten Gläser füllen, er benötigt nun 2 bis 3 Wochen lang, um zu reifen und sein würziges Aroma voll zu entfalten.

Zutatentipp

Verfeinere den schmackhaften Senf mit etwas Pfeffer und Ingwer. Gib schwarze Senfkörner dazu und verringere den Anteil gelber Senfkörner und der Senf erhält eine besonders scharfe Note.

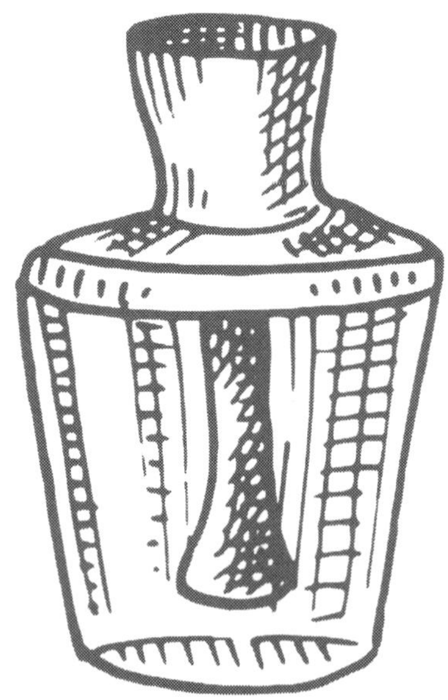

Bevor du das Buch weg legst, noch eine Bitte!

Es gibt viele tausend Ratgeber und oft ist es schwer, den für sich passenden zu finden. Hilfreich sind hierbei ehrliche und aussagekräftige Rezensionen. Daher ist unsere Bitte:

Hilf anderen Kunden unseren Ratgeber zu finden und erleichtere ihnen die Kaufentscheidung.

Nimm dir einen Moment Zeit und logge dich auf Amazon ein. Navigiere zu »Meine Bestellungen« und klicke neben dem Buchtitel auf »Schreiben Sie eine Produktrezension«.

Vielen Dank!

Bildnachweise

Baking Tray by Olga from the Noun Project
beans by Danil Polshin from the Noun Project
Blender by Alex Muravev from the Noun Project
Book by Saeful Muslim from the Noun Project
Bowl by Evan Bond from the Noun Project
Bread by Olga from the Noun Project
Cabbage by Olga from the Noun Project
Canned tuna by DanilPolshin from the Noun Project
cauliflower by Olga from the Noun Project
Cereal by Shruti Nivas from the Noun Project
chicken breast by Alex Muravev from the Noun Project
chocolate balls by Vectors Point from the Noun Project
Chop by Minjoo Song from the Noun Project
Coca Cola by Vladimir Belochkin from the Noun Project
coconut by Linseed Studio from the Noun Project
cookies by Vectors Point from the Noun Project
Cowboy by Ian Ransley from the Noun Project
Creamer by Denis Sazhin from the Noun Project
dumpling by Seul Koo from the Noun Project
emoji by Shital Patel from the Noun Project
Freepik
Grill by Alex Muravev from the Noun Project
hand drawn cake by Vectors Point from the Noun Project
Heart by BomSymbols from the Noun Project
ice cubes by JolanSoens from the Noun Project
intestine by Gonza from the Noun Project
ketchup bottle by Vectors Point from the Noun Project
leaf by Aisyah from the Noun Project
lunch box by lastspark from the Noun Project
Machine by Ines Simoes from the Noun Project
Mashed Potatoes by Maria Zamchy from the Noun Project
masher by parkjisun from the Noun Project
meatballs by Path Lord from the Noun Project
Milk Bottles by Creative Stall from the Noun Project
nutmeg by Julia Amadeo from the Noun Project
Origami by Bismillah from the Noun Project
Peanut Butter by Jieting Tina Chen from the Noun Project
Photo by bongkarnthanyakij from Pexels
Photo by cottonbro from Pexels
Pizza by Free Fair & Healthy from the Noun Project
pot by Tienan from the Noun Project
Pudding by Maria Zamchy from the Noun Project
quick by Adrien Coquet from the Noun Project
Racool_studioFreepik
Radish by Adam Zubin from the Noun Project
raindrops by Alina Oleynik from the Noun Project
Ramen by Kaylen Yul Lee from the Noun Project
Rice Dumplings by Alex Muravev from the Noun Project
Salad with shrimp by Maria Zamchy from the Noun Project
Sandwich by Maria Zamchy from the Noun Project
sesame seeds by StudioPAF from the Noun Project
shopping basket by Yazmin Alanis from the Noun Project
skewers by Olga from the Noun Project
snap by Yash Gohel from the Noun Project
Steam by Sergey Demushkin from the Noun Project
Sunflower by Alex Muravev from the Noun Project
Sushi by Nicolas LEULIET from the Noun Project
Time by Gia Hai from the Noun Project
topntp26 Freepik
© 5ph - adobe.stock.com
© ADELART - stock.adobe.com
© ahirao - stock.adobe.com
© aksol - stock.adobe.com
© Aleksandra Smirnova - stock.adobe.com
© Alexander Pleshko - stock.adobe.com
© alya_haciyeva - stock.adobe.com
© anaumenko - stock.adobe.com
© artbalitskiy - stock.adobe.com
© asife - stock.adobe.com
© berdsigns - stock.adobe.com
© Björn Wylezich - stock.adobe.com
© bondarillia - stock.adobe.com
© canicula - stock.adobe.com
© chairman - adobe.stock.com
© craevschii - stock.adobe.com
© dariaustiugova - stock.adobe.com
© Dariia - stock.adobe.com
© desertsands - stock.adobe.com
© DiViArts - stock.adobe.com
© drawlab19 - stock.adobe.com
© dusk - adobe.stock.com
© EcaterinaSciuchina - stock.adobe.com
© Evgeniya - stock.adobe.com
© fenlio - stock.adobe.com
© glowonconcept - stock.adobe.com
© Hesitantpatcha - stock.adobe.com
© HLPhoto - stock.adobe.com
© HQUALITY - stock.adobe.com
© Igor Normann - adobe.stock.com
© innazagorulko - stock.adobe.com
© IuriiKorolev - stock.adobe.com
© jenesesimre - stock.adobe.com
© Jenifoto - stock.adobe.com
© karandaev - stock.adobe.com
© kseniakr - stock.adobe.com
© la_puma - stock.adobe.com
© ld1976 - stock.adobe.com
© lianny - stock.adobe.com
© Lifeking - stock.adobe.com
© makistock - stock.adobe.com
© MandriaPix - stock.adobe.com
© Maria - stock.adobe.com
© Maria.Epine - stock.adobe.com
© marinavorona - stock.adobe.com
© Maya Pantic - stock.adobe.com
© MEDZ - stock.adobe.com
© melazerg - stock.adobe.com
© messer16 - stock.adobe.com
© MicroOne - stock.adobe.com
© moneti - stock.adobe.com
© Monster - adobe.stock.com
© morningglory1285 - stock.adobe.com
© Natalya Levish - stock.adobe.com
© netsign - stock.adobe.com
© New Africa - stock.adobe.com
© nutria3000 - stock.adobe.com
© Olga Serova - stock.adobe.com
© OlgaK - stock.adobe.com
© petrrgoskov - stock.adobe.com
© Rawpixel.com - stock.adobe.com
© rexandpan - stock.adobe.com
© Romispring - stock.adobe.com
© rudut2015 - stock.adobe.com
© sabdesign85 - stock.adobe.com
© sabelskaya - stock.adobe.com
© Sahaidachnyi Roman - adobe.stock.com
© Santy - stock.adobe.com
© scerpica - stock.adobe.com
© sewcream - stock.adobe.com
© shaiith - adobe.stock.com
© Sketch Master - stock.adobe.com
© strichfiguren.de - stock.adobe.com
© stu12 - adobe.stock.com
© Susann Schröter - stock.adobe.com
© sveta_zarzamora - stock.adobe.com
© tamapanda(たまぱんだ) - stock.adobe.com
© TYSB- stock.adobe.com
© uckyo - stock.adobe.com
© vaaseenaa - stock.adobe.com
© wanessa_p - stock.adobe.com
© Yada - stock.adobe.com
© yanadjan - stock.adobe.com
© yvoneisenstein - stock.adobe.com
© Yvonne Weis - adobe.stock.com
© В л а д и м и р Ш е р с т н е в - stock.adobe.com
© 時々雨 - stock.adobe.com

Impressum

Tom Bernhardt, Spittelleite 6, 96450 Coburg, tom.ber@live.de
Lektorat: Tom Bernhardt
Layout & Satz: PriSign - Julia Grün

ISBN: 978-3-9822785-0-6

Rechtlicher Haftungsausschluss:

Dieses Buch enthält Meinungen und Ideen der Autorin und hat die Absicht, Menschen hilfreiches und informatives Wissen zu vermitteln. Die enthaltenen Anleitungen passen möglicherweise nicht für jeden Anwendungsfall, daher besteht keine Garantie, dass diese problemlos funktionieren. Die Benutzung dieses Buches und die Umsetzung der darin enthaltenen Informationen erfolgen ausdrücklich auf eigenes Risiko. Haftungsansprüche gegenüber dem Verleger und Autor für Schäden materieller oder ideeller Art, die durch die Nutzung fehlerhafter und/oder unvollständiger Informationen verursacht wurden, sind ausdrücklich ausgeschlossen. Das Werk – inklusiver aller Inhalte – gewährt keine Garantie oder Gewähr für Aktualität, Korrektheit, Vollständigkeit und Qualität der bereitgestellten Informationen. Druckfehler und Fehlinformationen können nicht vollständig ausgeschlossen werden. Bei gesundheitlichen Fragen, Beschwerden oder Problemen konsultieren Sie immer Ihren Arzt!

Werde selbst Autor!

Du hast den Ratgeber »My Daily Ayurveda - Wie du trotz Beruf die indische Heilkunde in deinen Alltag integrierst« mit Freude gelesen und dir schon öfter gedacht: »Einen Ratgeber würde ich auch gerne mal schreiben. Spuren in den Köpfen und Leben anderer Menschen hinterlassen und diese mit meinem Wissen unterstützen... das wäre was!«

Dann ergreife jetzt die Initiative und kontaktieren uns. Wir sind ein aufstrebender Ratgeber-Verlag und suchen immer kluge Köpfe mit Leidenschaft, die mit ihrem wertvollen Beitrag die Herzen unserer Leser höherschlagen lassen.

Schreibe einfach eine Mail an selbermach.verlag@gmail.com mit dem Stichwort »Bewerbung Autor« und du erhältst alle weiteren Infos. Wir freuen uns auf dich!

Im Namen des Verlagsteams

Tom Bernhardt

Tom Bernhardt